阅读成就思想……

Read to Achieve

学会辩论
让你的观点站得住脚
第3版

[英]阿拉斯泰尔·博尼特（Alastair Bonnett） 著
魏学明 译

HOW TO ARGUE

中国人民大学出版社
·北京·

图书在版编目（CIP）数据

学会辩论：让你的观点站得住脚 /（英）阿拉斯泰尔·博尼特（Alastair Bonnett）著；魏学明译 . -- 3 版 . -- 北京：中国人民大学出版社，2018.9
书名原文：How to Argue
ISBN 978-7-300-26151-5

Ⅰ. ①学… Ⅱ. ①阿… ②魏… Ⅲ. ①辩论—语言艺术 Ⅳ. ① H019

中国版本图书馆 CIP 数据核字（2018）第 193974 号

学会辩论：让你的观点站得住脚
[英] 阿拉斯泰尔·博尼特 著
魏学明 译
Xuehui Bianlun : Rang Ni de Guandian Zhandezhujiao

出版发行	中国人民大学出版社		
社　　址	北京中关村大街 31 号	邮政编码	100080
电　　话	010-62511242（总编室）		010-62511770（质管部）
	010-82501766（邮购部）		010-62514148（门市部）
	010-62515195（发行公司）		010-62515275（盗版举报）
网　　址	http://www.crup.com.cn		
	http://www.ttrnet.com（人大教研网）		
经　　销	新华书店		
印　　刷	天津中印联印务有限公司		
开　　本	890mm×1240mm　1/32	版　次	2018 年 9 月第 1 版
印　　张	6.25　插页 1	印　次	2025 年 1 月第 15 次印刷
字　　数	106 000	定　价	55.00 元

版权所有　　　侵权必究　　　印装差错　　　负责调换

前言

如何使用此书

《学会辩论》这本书编排和设计得尽可能对读者友好。本书每一章都涉及写作、陈述或评估/考试技巧的某一方面。你可以从头到尾阅读这本书，或者分小节阅读，或者在你认为需要的时候，深入学习其中特定的章节。

在每一章的开头，你会找到一个简短的段落和一个主题列表，它会告诉你其中包含了什么。此外，还有一个关键词列表。

在每一章中，文本的铺陈是为了帮助你轻松地汲取关键的概念，使用标题和点式分项清单是为了帮助你尽可能高效地找到你需要的东西。相关例子包含在嵌入的方框里，如果有必要，可以单独参考。嵌入式方框有五种类型：

✓ 智能提示框强调关键的建议，以确保你采纳一种成功的方法。

ℹ 信息框提供额外的信息，例如有用的定义或示例。

↻ 我们对第1章和第2章相应的内容做了小结，以便读者能有一个清晰和概括的认识。

🔧 在每一章的末尾，有实用小贴士，提供了一些附加的建议。你应该把它当作一个菜单，从中选择那些能吸引你和符合你的学习特点的想法。

✏ 练习可以自己完成，也可以交由小组完成，以测试你是否已经理解了这一章，并给你一个将所学知识付诸实践的机会。

目录

引言　为什么我们要辩论
辩论是学习和理解的工具 / 001
辩论是实现目标的助推器 / 005

01　想要劝服他人，观点很重要
什么样的观点才算是好观点 / 010
选择最佳论证类型证明观点 / 014
学会用一句话概括你的观点 / 051

02　好逻辑让你的辩论更有力
如何让论证结构清晰明了 / 065
简明、规范地概括观点 / 069
需要考虑的五个关键点 / 070
论证要呼应论点 / 076
结尾要掷地有声 / 077

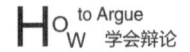

03 不同场景使用不同的辩论技巧

阶段不同，辩论要求不同 / 085
任务不同，辩论方法不同 / 086
学科不同，辩论文化不同 / 099

04 避免进入辩论误区

误区1：过分简单化 / 108
误区2：还原论和决定论 / 110
误区3：偏见 / 112
误区4：循环论证 / 114
误区5：目的论 / 115
误区6：人身攻击 / 119
只做有效的论证 / 121

05 消除紧张，口头辩论没那么难

口头陈述的准备和结构 / 130
准备好，才能掌控局面 / 137
克服紧张心理的小贴士 / 139
考虑可能的挑衅性问题 / 141
团队辩论时，每个人都要清楚中心论点 / 143
摆脱浮躁，认真对待 / 144
没有固定的规则 / 145

目录

06 如何让你的辩论与众不同

新的主题、新的比较和新的背景 / 152

寻找能取得重大突破的方向 / 156

创造性地运用现有方法 / 158

留神听别人没有说过的 / 159

发起挑战,反其道而行之 / 161

保持怀疑一切的态度 / 162

作者后记 言之有物 / 169

术语表 / 173

译者后记 / 187

引言

为什么我们要辩论

辩论是学习和理解的工具

我们大多数人已经学会了如何不与他人争辩。我们已经学会了如何避免把自己卷进去。这似乎是一个安全选项,也是一条捷径。但这只是暂时的。等到那糟糕的一天来临时,我们的逃跑路线竟然事不关己地把我们引向了不得不争论的境地。真是够讽刺的,我们发现自己成了最愚蠢论点的坚定支持者。教训显而易见,不与人争辩这样的事是不存在的。我们面临的选择不是要不要争辩,而是是否要做好它。本书将告诉读者如何应对这不可避免的挑战。它将阐述如何立论以及如何反驳他人的观点。

参与辩论的能力使学习变得让人兴奋。辩论时游刃有余,会改变你与教育以及其他一切事务的关系。它将你从一个被动和无聊地接受他人智慧的人转变成了一个参与者，一个不惧怕社会、也不会对社会麻木不仁，而是积极参与诠释和改造社会的人。

大多数接受着高等教育的学生觉得，必须辩论这个理念令人生畏。大学教授和讲师们在对学生的论文提出反馈意见时，经常一开始先长时间地盯着你的论文看，看完之后才说"内容不少但却没有观点"，或者说"这仅仅是描述"。他们的做法对学生的畏难情绪毫无助益。这时新生们往往会感到困惑。论点是什么？什么叫"仅仅是描述"？这些问题问得很好。遗憾的是，这些问题很少得到充分的回答。尽管辩论对于大多数学科的成功都至关重要，但学术争论的技能和文化却较少被清楚地介绍给学生们。这非常不合常理，因为人们都期望大学生们被教会如何参与辩论——这是一种能将他们与接受其他教育的学生相区分的能力。的确，这种期望通常被认为代表着一个学生从中等教育过渡到高等教育的最重要指标。难怪教授和讲师们对辩论主题的反应会如此强烈，也难怪他们总能分辨出那些展示了辩论能力的出色的学生和那些不具备辩论能力的后进生。可惜的是，在向后进生解释成为出色的学生并不难也不神秘这一方面，我们做得还远远不够。

学术争论是学习和理解的工具。它是智力**交锋**的一种形式，是旨在促成辩论的一种建设性的干预。顾名思义，学术争论是一种基于知识共享、收集事实和意见的**交换**。它是——或者至少应该是——无止境的、未决的且永远向前的。与这样的理念截然相反的，正是过去那种认为争论的目的就是要战胜对手，争论的一切关乎唯我独尊的观念。因此，大家手头的这本书与顶级律师盖瑞·斯宾塞（Gerry Spence）的著作《最佳辩护》（*How to Argue and Win Every Time*）共同点甚少。如果你想"成为再生的角斗士"，那么你应该向盖瑞学习。盖瑞并不是独自在战斗。人们普遍深信辩论就是为了给对手无情的打击，尤其是在当下各种"励志类"资源宣称能将每一个人变成"成功人士"的背景下。这种信念召唤出的一个成功辩论者的形象是：西装革履、下巴四方、帅得惊人、眼睛里流露出坚毅的目光（炯炯有神），利用其智慧无情地将我们中的大多数人碾压。这个可怕的形象似乎集律师、政治领袖和商界翘楚的特点于一身。他们有权有势。但是，无论我们多么羡慕他们的口才，即使将他们奉为辩论的偶像也会让人难以信服。他们也许呈现了吸引眼球的辩论，但是他们对待辩论的方式多少有出于私利的考虑，而且已经穷尽其智慧；说得更具体些，他们孤注一掷，已经输不起了。虽然看上去很受欢迎，但这种狗咬狗的辩论方式——最凶残的动物坐在对手被剥剩的骨头上——是一种非常糟糕的参与辩论或学习的方式。

虽然学术界通常实现不了他们的崇高理想，但高等教育机构对辩论方式的理解还是有一定价值的。本书中我所说的出色的辩论，需要动用各种学习、倾听和沟通技能。它是一种参与形式，一种积极参与、追求学术见解和知识的意愿。不要觉得这一辩论模式是一个轻松的选择。它不是角斗士式的，输了你也不会缺胳膊断腿。与那种夸张做作、咄咄逼人的方式不同，它不仅仅是一场表演。我们现代的角斗士们（那些牛哄哄的斗士们在法庭、董事会或在电视新闻节目上争辩得难解难分）玩着他们的游戏，进行着虚假的战争，然后使个眼色就离开了。我们在本书中遵循的路线对有关各方都提出了更严肃的要求。最根本的一点是，我们之所以辩论是因为我们相信一些事情原本就该如此一辩，且值得一辩。这并不意味着每次阐述观点的时候你都要探寻到灵魂的最深处。它意味着你所申辩的是你所代表的和关心的。因此，有必要扪心自问，不是一次而是多次，"总的来说，我认为什么是真相？""真正重要的是什么？"这些问题不能简单或随意回答。它们是一些让人不快的问题。有时候，适当的回答可能就是"没什么"，更常见的是"我不确定"。但是，这些问题需要保留下去，就像那些爱挑剔的人一样，像那些永远不会被刮掉的刺激物一样。

辩论不只是一种"可转化的技能"。它不是一种与计算机操作能力和时间管理一样可以分等级的东西。以一种明智和建设性的方式进行辩论的能力，是所有高水平教育形式的核心属性，但也不止于此。因为辩论触及的核心问题是：我们是谁？以及我们想要如何掌控我们的生活？

辩论是实现目标的助推器

> 要避免争论；它们总是粗俗的，但却常常令人信服。
>
> 奥斯卡·王尔德（Oscar Wilde）

在许多行业中，建构合理而有说服力的论点的能力非常有用。无论你是正在推行新的政策或产品，还是在为现有的政策辩护，你都需要理解为什么有些论点比其他论点更合理。有很多带有挑衅性的辩论模式会吸引那些自信的人。但你觉得什么更有说服力呢？一个承认对方观点和论据的合理的理由，还是一场争论？我不是在伪称学术角度可以或应该简单地植入到更加"正常"的情况中。诸多不同视角之间微妙的

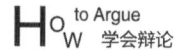

来回往复，更别提那种一看到厚重的索引就表现出的书呆子式的欢乐，有上述种种特点的学术干预在现实世界中显得很沉重。然而，从本质上讲，本书所介绍的技能在许多不同的场合都很有用。思考一个论点的形式和质量，以及该论点的完整性和局限性，都能帮助人们实现他们的近期目标，并在沟通时展现出信心和知识的完整性。

01

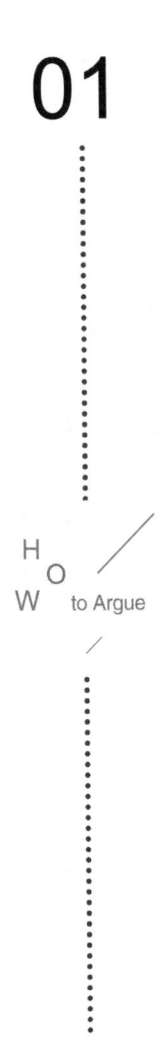

HOW to Argue

想要劝服他人，观点很重要

立论的第一步

本章将带你了解发表论点之前你需要采取的三个步骤,并解释了为什么你必须问自己一个简单却棘手的问题:"什么样的观点才算是好观点"(步骤1)。如果你的论点是"实质性的",那么是时候考虑你要部署的论证形式或类型了(步骤2)。我们将介绍六种不同的论证类型来帮助你做出决策。然后,你需要粗略记下自己的论点(步骤3)。最后,你就可以开始把它建构成一种可信、有效的书面或口头形式(第2章)。

主题

- 什么样的观点才算是好观点
- 选择最佳论证类型证明观点

关键词

实质性论据　　　　论证类型　　　　总结

01 想要劝服他人，观点很重要

这是一个令人不安的时刻。你一个字也没有写。屏幕是空白的。你的笔记本是空白的。而你必须提出论点。当你的大脑感觉它连最简单的计算都无法进行的时候，你必须要完成一项有启发性的智力壮举。情况一直如此，立论就是这样开始的。

一开始，你面临的是一个赤裸裸的现实：没有一个好的论点，而且你所有的沟通和演示技巧、你的拼写检查程序的复杂性和装订的整洁，都会被计入得分，真是伤脑筋。

要提醒自己的是，立论没那么难，而且对每个人来说都是如此。立论没什么神秘的。事实上，它是每个人都能做到的，而且能够做好。几乎无一例外，当学生们接受指导进行立论时，他们会被要求展示出他们对既有想法和正在进行的辩论的**熟悉程度**以及他们的**参与能力**。提出一个有力的论点与凝视难以捉摸的、缥缈的远方，以寻求灵感或激发内心深处的情感，并没有什么关系。真相更加平淡。很大一部分的真相是：有力的论据需要付出努力。残酷的现实是：你越早开始起草和修正你的论点，你的论点就越好。本章将向你展示如何开始这一过程。

别忘了，如果你很急迫，你也可以通过参阅本书前言的内容来加快你对本章和其余各章的了解。

> ✓ 做大量的笔记。有力的论点来自各种凌乱思绪的大量迸发。从那时起，你的大脑就会从空挡驶出，挂上一挡，你需要做笔记、涂鸦。你写得越多，不管它最初看起来多么的苍白、浅显或愚蠢，最终的成果就会越复杂和令人兴奋。

什么样的观点才算是好观点

这就是论证乏力的开始。论证不够有力不是始于错误的逻辑或不准确的事实，而是一些更基本的东西。在试卷和项目计划书上，评阅人做出的最常见的注释是"那又怎样？"这一注释既精辟又具有毁灭性。"**那又怎样？**"**预示着末日降临**。它意味着该文言之无物，在浪费读者的时间。页边空白处同样简洁和几乎致命的评论是"这很明显""仅仅是描述性的"。这些死亡的丧钟声都来自相同的假设：大家都期望学生们能针对**一些实质性的问题进行实质性的交锋**。但这意味着什么呢？

实质性的论证针对的是:

- 你所在领域正在争论的一个核心问题。在你所在领域的相关文献中,你会发现某些作者、术语和观点反复出现,并形成争论的核心。实质性论证源于与这些既有和公认的参照点的交锋。

或者是:

- 一个应该成为你的领域内核心关注点的问题。这是一个更大胆的出发点。与其笃信那些你感兴趣的领域内的重要内容,不如拓宽视野,从那些被忽视的、不被赏识的和更加重要的主题、想法和作者那里借鉴。它们对你所在领域的现有争论都会有所贡献。

一场实质性论证总是有针对性的和精确的。你越清晰和准确地指出你的论证将要解决的问题,你的论证就会越有用,也越有见地。实质性论证不可能是模糊的论证。有时这意味着有力的论点好像非常有局限性。然而,在学术争论中,人们并不认为这是一件坏事。拥有一些精确表述的观点,意味着这些观点很清晰且有建设性。

一场实质性论证:

- 不针对一个纯粹的细节。使用一个次要的例证来介入更大的

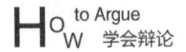

主题可能是一种有用的技巧。然而，如果你不迈出这一步，如果你不停纠缠那些最好交由脚注来解决的问题，那么考官就会开始问："为什么这一点是重要的？"

- 并不是关于一切事物的。过于抽象化会让观点变得毫无意义，就好像它与一个无关紧要的细节有关。如果你怀疑你的出发点过于笼统，或者过于具体，明智的做法是坚持用那些在你的特定辩论领域内既有的术语和观点。后者是一个安全港湾：你无法绘制出新的领地，但你也不太可能迷路或搁浅。

- 只与你有关。对于不同的课程和评阅人而言，关于多少个人材料是合适的的看法差异很大。如果你打算利用这些材料，你需要检查它是否可以被接受。然而，即使材料被允许或被鼓励使用，你也需要警惕**唯我主义**（见附录）或避免使用个人的论据来代替文献。

- 不仅仅是描述性的。当评阅人在寻找论点时，"描述"一词之前通常会被加上"仅仅是"这样一个前缀。这对那些收集了大量事实并期望他们的努力有所回报的学生而言，似乎很残酷。然而，如果没有一个用来诠释这些事实的框架，事实就不能构成论点。事实不能"为自己辩护"。它们需要分析、解释并被置于特定的背景中。否则可以毫不夸张地说，它们毫无意义。

- 不是显而易见的。重申没有争议的基本命题或许能让你得到低分或中等分数，并让你通过考试（尽管没有绝对把握），但还可以采用许多更有趣的方式，这些方式可以让你在学生时代获得更大的成就感。

关于实质性论证的例子

为了帮助我们思考实质性论证的优点，我创造了一些例子。接下来的一组论点将被认为是实质性的（即使不一定准确），第二组论点将会引出"那又怎样？"之类的话。你会注意到：第一组里的表述暗示了对复杂性的理解，而第二组却没有。在某种程度上，这一属性是由一个事实传达出来的，即第一组论点并没有提出一种黑白分明的世界观：它们的主张有所保留而且视情形而定，不是简单化的和单维的。每组中呈现的论点类型也有差异。第一组论点提供了一种分析，它们承诺解释某一现象。相比之下，第二组论点是描述性的，它们所承诺的只是列举事实。这些例子也是论文中所有例证都会使用到的关键句，通常它们是这样开始的："在本文中，我将论证……"

实质性的

在本文中，我将论证：

- 新马尔萨斯主义仍然是世界人口增长的可行的、准确的模式；
- 法国大革命最深远的影响发生在海地；
- 目前，为防止或改善沙漠化所使用的两种主要技术的效用，只有在它们与一系列其他补充措施相结合时才能得到充分体现；
- 19世纪的英国经济并不是自由放任的经济，而是一个受政治驱动的神话；

- 在中国，国家对民族多样性的管理，比批评这一体制的人通常所认可的，要更加灵活和复杂。

"那又怎样？"

在本文中，我将论证：

- 世界人口正在快速增长；
- 法国大革命意义深远；
- 防止沙漠化有 16 种方法；
- 英国经济在 19 世纪实现了工业化；
- 中国是一个多民族国家，人口数量众多的有 13 个少数民族。

小结

要大胆！

讨论大问题、实质性的问题。

选择最佳论证类型证明观点

在本节中，我将介绍六种类型的论证。熟悉了第一步之后，你就可以浏览列表，看看哪个适合你的目标。这个列表旨在帮助你浏览你的选项并做出初步选择。它没有全面介绍所涉及的论点。在本章结尾的延伸阅读一节中，会有更多关于每种论证类型的介绍。

在进一步讨论之前，我们应该考虑一下论证类型能做什么，它们在辩论中起什么作用。这里提出的论证类型有不同的解释结构，这些结构可以作为发展具体理论的框架。它们还提供了一些方法来证明一个想法是"错误的"或"有偏见的"。然而，我们务必要理解，就其自身而言，这些指控很无力，不能替代论据。只有当它们经得起清晰和合乎逻辑的推理时，它们才会具有一定的学术用途。事实上，这里提供的论证形式并不是为了产生或鼓励纯粹的贬义陈述，或者是为了背书而设计的。相反，它们提供了诸多方法，这些方法可以让人坚信自己**理解了**并可以**建设性地利用**自己的材料。

当然，你可能没有找到你要找的东西。毕竟辩论和人类的想象一样是多层面的。然而在学术争论中，某些模式会不断出现。某些程序已经被发现在起作用，并已成为所谓的学术争论的"合法模式"。我的分类旨在反映时下在高等教育中被认可的主要论证形式。在承载相同水平的逻辑合理性上，人们所提出的论证形式各不相同。然而，所有论证形式都能为大多数本科生的作业提供一个令人信服的知识结构。

学生们需要论证形式，因为他们要**分析事物**。你所采纳的论证形式将取决于这些事物的本质、属性，甚至是它们的数量。我已经提供了一些指导来说明这六类论证形式最适合什么样的数据或材料。然而，它们只是一般性的提示，旨在鼓励大家思考每一个形式的适用性。如果要提供一个更严格的框架，一种试图精确地绘制出哪些类型的论证形式与哪类数据"相配"的框架，那么它将会阻碍你已经开始的创造性过程。

对于本小节，你有两种使用方法。我已经提到了一种：当你面对一个论文标题时，你可以简单地浏览一下列表并选出一个合适的论证形式。使用本节的另一种方法是，利用本节的内容来识别你正在处理的材料中可以找到的论证形式。换句话说，你可以用所提供的分类来讨论他人论证形式的属性。这种方法不仅可以让你描述论证形式，也可以对论证形式提出批评（若要获得更多的帮助，请参阅第 4 章）。

也就是说，这里列出的六种论证类型都有其局限性。每一种类型都能促使论点被提出，但同时也强加了界限和盲点。每一种论证形式都比其他形式更能让文章有说服力，在一个领域中每一个都比其他的更复杂。有了框架，也就有了限制。一旦我们理解了这一点，就会认识到严格的学术争论的一个基本知识：你做不了所有的事！强有力的论证形式不是那些被宣称是全景式的和全知的论证形式。即使是最雄心勃勃的理论也只有在适用于"适当的"材料时，才能发挥令人满意的作用。

> 当提出一个论证形式时，重要的是不要承诺太多，不要保证完美，不要让人失望。在使用下文讨论的论证形式时，我建议不仅要知道它们的局限性，还要准备好为读者进行解释。让他们知道你的方法不能解决某些问题或给出某些问题的答案。让他们知道你领会到了你的论证能做什么以及不能做什么。

在每一节或每一小节结束时，我提供了一些说明性的句子。这些都是为了帮助你把你的想法转化成简洁的总结陈述，以便打动你的评阅人。我经常在这些短句中提到作者的名字（他们的名字和成就纯属虚构）。我这样做是为了提醒读者，学术争论代表着与现有学术观点的交锋。

> 任何人都能掌握辩论，并不意味着接下来的例子会像从湿滑的桶上滚落下来一样简单。它们中的一些例子需要练习和耐心才能体会并加以运用。首先要介绍的是那些乍看起来要求更高的辩论形式。这并不意味着这些形式更好或必然会导致更有益或更复杂的论点。较简单的形式通常是最有效和最可信的。

论证类型 1：明确对立面

这是一种经典做法。100 个评阅人中有 99 个人会对它留下深刻的印象（并且那个没有被打动的人可能对任何事情都不会有印象）。学者们之所以被矛盾、对立和冲突吸引，是因为阐释它们需要有一定程度的智慧和洞察力。那些能懂得或发掘这种论证形式的学生们很容易发现自己会被看作有前途的学者。

确定一个过程或一次事件中的对立面，就是要确定其组成部分之间的张力点。因此，人们至少必须准确指出三件事：冲突点，以及冲突的双方。虽然经常有必要讨论多个关联的对立面，但重要的是要有一个中心焦点，一个优先考虑的兴趣点。因此，更可取的做法是限制你声称要分析的实质性对立面的数量。即使是在一份很长的作业中，任何想要处理四到五个对立面的尝试很可能都会以混乱而告终。通常一两个就够了。

"对立面"是一个宽泛的词。在它的辖域内可以找到各种更专业的角度。接下来，我们将讨论两个最重要的角度——矛盾和解构。然而，使用更笼统的对立面的概念（以及诸如冲突、摩擦和脱节等重叠的概念）通常很有用，因为它相对来说是非特异性的。它让学生们能够讨论事物之间的紧张状态，而不需要识别那些本质上不相容的事物（即矛盾的）或运用解构的技巧。

> **有用的句式**
>
> 此文将要论述：
>
> - 桑德斯的著作展现了……和……的对立；
> - 维维奥卡的著作……可以找到两个主要的对立面；
> - ……在……之间的冲突颠覆了其整体的野心；
> - 在詹姆斯的著作中，马丁确认的对立面被夸大了；
> - 在联合国教科文组织的工作中，如果没有……和……之间的脱节，他们将不能……
> - 布莱通过……成功处理了其著作中……和……之间的对立。

矛盾

学生们需要小心，对"矛盾"一词的使用不能太过随意。它通常用得过于宽泛，就像它和"对立面"一词是同义的一样。然而，矛盾这一概念的真正价值，只有在它被理解为指代某种特殊类型的对立面时才得以体现。当两个命题、主题或过程**截然对立**时，我们才能说存在矛盾。这一点意味着，当我们讨论矛盾时，务必要清楚：仅仅确认冲突点和冲突来源是不够的。此外，还有必要解释为什么当下讨论的各种力量是对立的。

为了证明矛盾的独特性，我们来看一个（纯属虚构的）

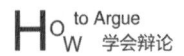

来自国际政治的例子。每当提到欧盟的区域外交政策时，你也许已经注意到了：在非洲，欧盟支持保护主义；而在亚洲，它强调自由市场的发展。你认识到了欧盟在世界两个不同地区实施的两种不同的方式。在这两项政策之间也许存在着一个对立面，但是它们在根本上不是不相容的。它们之间没有必然的矛盾。然而，如果有人能够证明欧盟有一项在伦理和意识形态方面致力于瓦解保护主义的全球性外交政策，那么其全球性和地区性主张和目标之间的矛盾就可以确立了。此外，如果进行更细致的分析，人们也能揭示出欧盟在鼓励亚洲经济体投资和干预非洲市场，这样另一个矛盾也暴露了。这种情形将意味着欧盟的外交政策含混不清，目标紊乱。

在经济政策方面，在小说中，在文化里，人们几乎在各个领域都能找到矛盾。无论你往哪里看，你都会发现它们。此外，因为矛盾意味着一种不可持续和易于发生危机的局面（因此也是一种在本质上难以得到承认和解决的局面），所以审查并考量它是如何被掩盖的以及如何看起来毫无问题的，通常很有用。

矛盾的确立有时和辩证思维联系在一起。辩证法是一个通常会被人混淆的字眼。这不足为奇，因为它有两层意思。一方面，它是论证和逻辑对话的另一种表述。这层意思反映了它来自古希腊哲学。它的另一层意思更加具体，对学生更有帮助。辩证法另外还指确认**矛盾的过程**。说得更具体一些，它指以下三者：

1. 某一事物（一个正题）；
2. 这一事物的对立面（一个反题）；
3. 这一矛盾的统一。因此，说某一事物是辩证的，就是要找到从正题、反题再到统一的运动过程。

辩证法的概念能运用到许多不同的场合。在任何情况下，只要人们能够确认某一事物及其对立力量之间的矛盾，这一矛盾已经或正在导致第三种局面，即统一，那么他就能将这一过程及其论证描述为辩证的。

解构

虽然解构是一个新近出现的概念，但它已经成了人文学科中一种为人们所熟悉的论证形式，而其在社会科学领域的运用程度次之。与矛盾一样，它也是一个通常使用比较宽泛的术语。然而，如果把解构当作对立面或冲突的同义词，那就浪费了它的潜力。它是一个带有特定功能的专业术语。其他论证对立面的方式分析的是事物之间的联系，认为这些事物的定义是理所当然的，而解构关注的是其他分析范畴的缺陷。因此，它特别善于"开发"其他论证形式忽略的观点。

说得更具体些，它为学生提供了对既有概念（例如人、就业、种族）和传统进行批评的工具。

解构关注的焦点是：

- 调查对象的内部冲突；
- 任何事物都不可避免地会丧失固定或最终的意义。

在解构主义者看来，任何思想或范畴都是永恒或稳定的这一概念，是不存在的。因此，解构致力于在意义不断"剥落"、无法再独立的情形之下，揭示建构思想的方式。解构源自哲学，讨论时用的语言高度抽象。然而，解构这种"打破"既有范畴并置其于内部批判的力量，使之成了一种有用的并值得坚持下去的智力手段。

有用的句式

此文将要论述：

- ……和……之间的矛盾；
- ……和……之间的矛盾还未解决；
- ……和……之间的矛盾不可能通过……解决；
- 米勒的著作中存在一种辩证的力量；
- "欧洲"这一概念需要解构；
- 在……中，被压迫的边缘化范畴确立了叙事结构。

> 当我们以确认对立面为基础进行立论时，成功的关键不是你能找到的对立面的数量，而是它们的精确定义。将发挥作用的因素尽量减到最少，并确保它们一开始就定义得很清晰。

论证类型 2：因果关系

说一件事导致另一件事可能是在陈述事实，但它也是一种主张，一句我们可以讨论或修正的断言。事实上，作为一般规则，最好将因果关系的主张视为支持证据需要考虑的内容，而非"显而易见"或"常识"之类的事物。

有三种主要的方法可以用来处理因果关系问题：

1. 人们可以在自己的主题中找到因果关系；
2. 人们可以在他人声称的因果关系中找到问题（例如错误）；
3. 人们可以将演绎或归纳推理运用到证据中。

最后一个主题较为复杂，将单辟一节进行讨论（论证类型3）。现在我们将重点关注前两个的用途。每一种方法都能提供极其强大和创造性的论点。然而，它们都有多种诠释的方式。通常的区别是定性和定量的方法。这两种方法并不是不相容的。事实上，社会科学中的大多数工作需要将

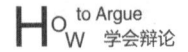

两种方法结合使用。然而，它们确实代表着不同的方法论。不同之处在于，两者在很大程度上反映了其运用的材料和其所代表的主张之间的差异。我们可以把这种区别概括如下：

- 对因果关系的定性解释，处理的是非数字类数据（政策、话语、事件），并试图合理解释它们之间的关系；
- 对因果关系的定量解释，处理的是数字类数据，并试图找到一个统计指标来解释它们之间关系的本质。

你选择的方法（定性的、定量的或两者相结合）会受到你所在学科的严重影响。英国文学没有强大的数据分析的传统；相比之下，经济地理学在传统上很少使用定性的方法。然而，无论你研究哪一门学科，对两种方法的优点都保持开放的心态很有裨益。我们不要忘记，统计数据不是从天上掉下来的；它们来自人们，以及人们所提出的种种范畴和收集过程。例如，在社会调查中，我通常被归入"白人"一类，这个范畴随后被转化为统计数据，并被输入到各种数据模型中。然而，种族划分的方式、使用的范畴以及这样做的事实，并不是没有争议或被看作自然的事实。它们反映了一段特殊的历史和看待世界的方式；在纯粹的统计方法中，具有相当重要意义的事物消失了。另一方面，我们有理由质询一种纯粹的定性方法是如何对其材料有意义的。毕竟，每次当我们说某一事物有一个发生频率，即它重复发生、经常发生、从来不发生或一直在发生时，数字概念一直存在。量化不能弃之不用，就如同它代表某种遥远的科学范式似的，任何过于定性的判断都可以从这个分类过程中移除。

使用定性证据作为原因的论证方式

当你期望论证某件事导致了另一件事时，你需要解释如何导致和为什么会导致。此外，如果你的原始材料在形式上是定性分析，那么你需要提供充足的证据，以便让你的主张看起来可信。于是问题出现了，什么是"充足的证据"？为了这层因果关系，一个支持或重复你所在领域的权威著作的主张与原创的主张是有差异的。就前者而言，解释的负担要小得多。如果你引述的权威很可靠，其地位被广泛认可，那么你提供的任何进一步的证据都是补充性的，并且由此稍加概括即可。相比之下，如果你期望提出自己的主张，并想让人们认为这是你的原创而因此受益，那么你就不得不更加努力。

要想建立事物之间可靠和令人信服的关系，你需要：

- 找到反面证据，并在你的论证中批驳它；

- 旁征博引，支持你所声称的关系；
- 清楚表明你所声称的关系的类型和优点。

最后一点需要稍加解释。一个人收集的材料越复杂，对于进行定量分析而言就越难以驾驭，他在声称发现毋庸置疑和客观的因果关系过程时就应越谨慎。换句话说，定性分析的方法运用了许多有所保留的词汇和短语，例如"倾向于""部分地"和"在某种程度上"。这样一来，已经提出的因果关系的主张就明显受限了。

我们来看一个来自人类学的例子。在一项关于阿尔及利亚农民家庭移民的研究中，研究者从30户家庭那里收集了深入访谈的数据。这些数据表明，佃农制耕作体系一成不变和保守的特性，在鼓励人们离开该国时发挥了作用。在此，并没有"科学的"证据。然而人们会说，鉴于一系列证据，佃农制和移民也许能联系在一起。在这样一项研究中，人们很可能会考虑受访者提供的对这一现象的解释。然而，对于如何明确地区分原因和结果，人们也会有所犹豫：所有相关的因素都是相互作用的。定性分析的方法尤其善于厘清原因和结果之间相互关联的属性。与此有关的一个特征是，它们通常避免声称已经找到了事物的单个原因：生活通常比那要复杂得多。

找到他人声称的因果关系中的错误，意味着你在坚称：

- x 导致 y 的说法是错误的，因为它不可能（并且很有可能不合逻辑）；
- x 导致 y 的说法是错误的，因为 x 不会导致 y（在特定条件下，这种联系也许是可能的，但是它们不是普遍现象）；
- x 导致 y 的说法没有错，但是关系描述得不准确。

第一项指控是所有三项中最严厉的，也是最罕见的。它最有效的运用发生在当你能够证明数据被误解时（例如，x 不能导致 y，因为没有 y 这样的事物）。如果想简单地证明这一点，不妨考虑一下接下来的这个句子："因为斯蒂芬的作品中充满了他那个时代的浪漫主义，所以他经常成为保守的非政治主义的牺牲品。"如果你能证明斯蒂芬的作品中没有充满浪漫主义，那么这个句子声称的因果关系就不成立了。在这一点上，找到暗指的"保守的非政治主义"的其他解释会更合适些。另一种选择是，如果你同意斯蒂芬的作品中"充满"了所描述的特点，即浪漫主义，但却想论证它没有导致"保守的非政治主义"（即运用第二种论证方式），那么你就需要举例证明在其作品中"保守的非政治主义"不存在，并解释它为什么不一定源自浪漫主义。第三种方法争论的不是所描述的关系这一事实，而是描绘关系的方式（即运用第三种形式）。分析特定词汇的推理意义是一个很好的出发点。例如"成为……的牺牲品"这一说法意味着斯蒂芬是非政治保守主义的被动受害者，而不是主动实施者，因此可以免除其背负意识形态的责任。

> **有用的句式**
>
> 本文将论证：
> - ……在……的发展中是一个关键因素；
> - ……不可能导致……
> - ……导致……的证据模棱两可，并且还有其他解释；
> - 荷马对于……原因的分析没有认识到……的重要性；
> - 汤姆塞特对……发展的分析依赖于对……的误解。

使用定量证据作为原因的论证方式

在定量分析中，首先要考虑的是质的问题，即"数据的质量如何？"它们可靠吗？是最新的吗？是以适当形式表述的吗？是连续的吗？对于这些问题的任何质疑都需要得到确认并做出解释。这通常需要你描述数据收集的过程，并概括其可靠性。根据你所在的学科领域，这些问题稍后要么会被暂时搁置并当作次要的东西不予处理，要么作为整个数据的核心成分融入你的分析中。

简单的运算，例如计算平均数、加权平均数、中数或标准差，也会提供因果关系是否存在的线索。然而，利用数据信息解答因果关系问题的三种最普遍的方法是：概率分析、相关趋势分析和回归趋势分析。虽然具体如何运行这三种测试不属于本书的讨论范畴（参见本章结尾的延伸阅读部分），但它们在此可以作为潜在的资源和分析工具，在因果关系的论证中发挥支持或关键作用。

统计指标不提供解释。从根本上来说，它们是描述性的。然而，它们在暗示并表明关系的密切程度方面很有用。它们反映了事物之间联系的密切程度，并且与其他运算相比，这种方法更清晰简洁。对于因果关系问题，无论是定性分析还是定量分析，你都必须仔细解读数据并承认它的局限性。这样做的话，概率分析、相关趋势分析和回归趋势分析才会很有效。虽然你不能通过这些技巧证明因果关系，但能得到有价值的证据来阐明或暗示这种联系的存在。

论证数字时，务必要认识到，某一个事物可能是个统计事实，不论它是否正确或有用地反映了现实。对统计数字的有效使用和潜在滥用的批判性态度总是可取的。在论证中，你所犯的逻辑错误中最被大家所熟知的就是想象统计关系表明了因果关系。仅仅因为你在冰岛的失业问题与菲律宾的西红柿种植的关系之间得到了 1.00 的系数，并不意味着一件事导致了另一件事。另外一个需要注意的潜在问题是，在计算整组数据时，很高或很低的数字都会导致失真，所以忽略这些异常值通常并无不妥。这一决定即使涉及删除一些数字，也会极大改变你的最终结果。如果有人试图从一组分布不均的数据中得出平均数，也会产生失真。譬如，如果某人的数据中有两个峰值，一个接近底部，一个接近全部范围的顶部，那么任何基于它们的平均数的运算都会消除这种"双峰"模式，并由此在你的运算中引入一个可能虚假的成分。然而，运用外插值（推断数据之外还有点阵存在）和内插值（推断数据内各点之间还有点阵存在），又会产生另外一系列问题。预测不能作为证据。证据要可靠，它们需要准确地识别相关变量的数目和性质。在自然科学领域之外，这是很难实现的，但也不是不可能。

概率分析和显著性检验

概率分析回答的是如下问题："某一件事偶然单独发生的可能性有多大？"为了回答这个问题，统计学家运用了多种模型，每一种都是适合某一特定类型数据的理想模型。一个事件的概率可以通过考量它偏离模型中的预期值的远近来计算。三种最简单的模型如下。

1. **均匀分布模型**：它适合考量各种结果的可能性都一样的情况，例如掷骰子。
2. **正态分布模型**：如果用图表示，这个模型呈钟形；它被认为适合建构连续数据的概率模型，例如英国的狗的体重。
3. **二项式分布模型**：它被用来考量可能产生两种结果的"不可预测的"事件，例如婴儿出生时活着或胎死腹中的概率。

以计算某一事件单独偶然发生的概率为基础的统计学的另一个领域是显著性检验。在你期望论证某一事件对另一事件（没有）产生重大影响时，这些测试很有用。更准确地说，它们让你可以断定事件之间因果关系的存在是可能的还是不可能的。这样的检验有很多种，例如 Z 检验和二项式检验，但它们都需要初步的假设（一个将被验证的与统计有关的提法），概率计算（又被称为检验统计量），以及决定这些结果需要严格到什么程度。

相关性

统计上的相关表明了事物之间关系的强弱。相关性分析产生的是相关系数，一个介于 –1.00 和 1.00 之间的数值（–1.00 表示完全负相关，1.00 表示完全的正相关）。有多种类型的相关性计算，不同的公式适合不同类型的数据，包括线性的、非线性的和等级设置。打个比方，如果假定线性关系存在，那么积距公式是适用的。只有当涉及两个变量时，这些运算才被称为简单相关。当被处理的变量超过两个时，才必须运用多重相关。

回归分析

这种方法可以让你描述不同组数据之间关系的属性，并基于此进行预测。如果你有两组数据，你想要描绘并直观地以数字形式呈现它们之间的关系，那么你可以将一组数据分配到一张图的横轴上，另一组数据分配到纵轴上。然后你就可以在各个点之间计算出一条"最佳适配线"。如果你的最佳适配线是直的，那么这一程序会告诉你，你的两组数据之间是负相关（一组数据增加，另一组数据减少）还是正相关（两组数据一起增加或减少），并且显示出正相关或负相关的强弱。如果你有两组以上的数据，你就需要一个更加复杂和多元的回归模型。回归分析得到的是对一种关系的描述。这些描述可以用于支持或反驳某一分析。它们还能用来预测，无论是在你拥有的数据范围之内（在各个点或内插值之间）还是之外（在各个点或外插值之外）。

> **有用的句式**
>
> 此文将论证：
>
> - ……和……之间的关系不是偶然的；
> - 斯皮瓦克的主张……导致了……没有说服力；
> - ……和……之间没有重大关系。
> - 铁伊的观念……增加了是因为……减少了，站不住脚；
> - 钱普莱混淆了相互关系和因果关系；
> - 在不远的将来……有可能导致……

> ✓ 不提供自己的因果论证，批评他人的论证通常更加容易。关于如何做到这一点，可参阅第 4 章。

论证类型 3：从观察开始或从假设开始

本节介绍的论证方式有时被认为属于自然科学领域。然而，对于任何想要从经验数据中得出某个理论或想以事实为背景检验某个理论的人来说，它们同样至关重要。前者被称为归纳，后者被称为演绎。简言之，归纳是以观察为基础得出一个概括性结论。相比之下，演绎则是先提出一个**命题**或**假设**（参见术语表），然后再用经验数据加以验证，以此得出一个概括性结论。

尽管这两种方式被运用在多个领域，但它们与科学的联系意味着它们在人文社会科学中的运用通常反映了一个基于科学的议程（即这些研究领域应该变得更加科学，不再那么主观）。对于许多学者而言，科学方法论之所以被视为基础，是因为基于普遍和客观上可接受的事实，它们似乎能够产生普遍和客观有效的规律。然而，在非自然科学领域（科学界一个日益壮大的群体），有不少人对演绎和归纳的可能性有着截然不同的理解。该群体不认同客观事实是可获取的，并且倾向于摒弃提出普遍规律的目标。这些学者运用归纳和演绎不是为了得到客观真相，而是为了得到更好的解释；换句话说，他们是为了得到更复杂、更敏锐、对社会更有用并且有时更具批判性的理解形式。尽管两个群体都注重诚实和准确性，但前一组学者认为有力的论证，类似于自然法则的发现；而后一组学者认为有力的论证是一种有用的、可行的和"有见地的"介入。

从观察到理论

试图从"事实"推断出理论的做法的名声并不好。这无疑是人们从归纳推理最正统的例证——白天鹅的故事（一个简短但却难忘的童话）——中得到的印象。人们曾经对天鹅的颜色进行过研究，共数了 1000 只天鹅，所有被数到的天鹅都是白色的。这项研究最终得出了一个规律：所有的天鹅都是白色的。对于我们这些游历丰富、见过多只黑天鹅的人来说，这一逻辑听起来明显有误。然而，同样的逻辑不是让我们相信了许多事情吗？长途飞行让你腰酸背痛，太阳是黄色的，冬天很冷……

在归纳推理中，犯错的空间很大。对于那些想要得出普遍规律或客观理论的人来说，这当然不是一种值得推荐的论证方式。这些事情归纳推理做不到。但是如果我们降低期望值，那么归纳就有用了。与从天鹅研究中推断出一条普遍规律相比，做出有保留、有限制的声明会更明智些。如果设置特定的时间、地点和研究方法，观察 1000 只天鹅也能合理地形成论证的基础。这个信息很简单：归纳研究不善于得出普遍规律，但是一旦明确传递了限制条件，它就能用来建构其他类型的论点。

> **有用的句式**
>
> 此文将论证：
>
> - 在……发生的一系列……事件表明……
> - 在……发生的事件暗示……
> - 我们手头关于……的数据不是很稳定，但支持以下观点……
> - 有关……的新证据支持以下主张……
> - ……支持约翰的论点……

从假设到观察（再回到假设）：演绎

科学通常是由实验推动前进的。它是一个有机的、动手实践的、反复试错的过程；它是一种探究世界的方式，而这种方式看起来对方法论的内省要求不高。尽管如此，自然科学普遍和某种特定的论证模式联系在一起。这一模式在其他领域受到尊重并经常使用。假设是一个带有臆测性质的命题。它不是事实，而是一项调查或一次论证可以验证的出发点。假设可能得到验证或被否定。这种推理被称为演绎。它通常比归纳更可取，因为它不依赖"事实自己会说话"这个幼稚的概念。此外，它虑及观察和理论之间的累积性反馈。如果你采纳这种论证形式，不妨在你的论文中纳入以下三个成分：

- 假设；
- 支持或反驳你的假设的证据；
- 修订后的假设。

最严格的演绎方法源自卡尔·波普尔（Karl Popper）的著作，被称为证伪主义。顾名思义，证伪主义提出：唯一有用的假设是那些可以被证伪的假设。波普尔认为，弗洛伊德的理论达不到这个标准，它们永远不能被证实或证伪，所以他认为这些理论是伪科学。实际上，波普尔与弗洛伊德的部分争执在于其理论太过复杂。尽管某些部分可以被证伪，但总的看来，它的适用性很强，似乎能够解释几乎所有的偶然事件。这也许是，也许不是这种理论的问题，但它的确反映了证伪主义的一个缺陷。毕竟，很少有理论会如此简单，以至于一个小小的反面证据就注定了整个理论的坍塌。事实上，如果人们坚持证伪主义，科学或社会科学多年来可能不会有任何进步。这一点很明显，尤其是当我们考虑到以下事实：尽管存在事实上的反面证据，但人们还是提出了自然科学的许多既有规律。例如，牛顿的重力理论似乎就被月球轨道的特点证明是错误的，哥白尼还健在时其日心说就遭到了恒星运动观察结果的反驳。

在科学论证中，关于可验证性和理论的作用的争辩还没有定论。然而，从这一争辩中产生的最重要的一点却相当简单：演绎并不是适合所有类型的证据，它尤其不适合验证有关社会过程和意义的复杂主张。在处理明确带有一定数量变量的简单情形时，它表现得更好。言外之意就是，待验证的假设定义得越准确，所选择的演绎论证模式就越有说服力和逻辑性。不妨回想一下证伪主义的局限性：你的经验数据中前后不一致的成分的隐含意义不应被夸大。一项不起眼的反面证据并不意味着你的假设是错误的，反面证据可能还有其他的解释（的确，它自身也许就是错误的）。

有用的句式

此文将要验证如下假设：

- 目前在西欧，风力不是一种在商业上可行的能源来源；
- 在西班牙，年长男性体力劳动者比年轻男性体力劳动者的阶级意识更强；
- 酸雨不是斯堪的纳维亚半岛森林面积缩小的主要原因；
- 尽管斯卡特提出了新的证据，但班顿对……的分析仍然可行。

> 无论你最终采取哪种论证形式，以假设形式提出你的论点可能很有用。在许多论证类型中，假设是可验证的事实陈述，它们提供了有用的成分和一个可信的出发点。

论证类型4：关于词语的论证

这一节探讨的是如何提出关于词语的论证。说得更具体些，它处理的是在一场争论中发现的一个或多个关键词的使用的方式。

这种论证方式要求你在数据中找到一个有趣的、有问题的或者有启示作用的关键词。这有时很简单。例如，如果你想分析1997年后英国工党政府颁布的政策和政治文件，你会遇到某些词像标语一样十分醒目，它们会被反复使用，并放在突出的位置（例如现代化、整体思维和新工党）。然而，关键词通常不会主动跳出页面。有时它们不经意地和整个文本一起被埋没。回到"新工党"的例子，我们也许会注意到"社会主义者"一词预示着不一样的内涵，因为它几乎完全消失了。没有说出的关键词可能和这些词一样有启示作用。

一旦你确定了那些你认为有启示作用的特定词汇或短语，下一步就是分析它们。分析的方式有多种，但是首先要区分一个术语的定义和用法之间的差异。

定义

你正在考虑的关键术语的定义也许附带在你的研究材料中。在这种情况下，你可以围绕这一定义的起因、背景和合理性确立论证的结构。如果提供的定义超过一个，这就打开了进一步的可能性；说得更具体些，你可以比较它们的含义并找出它们之间的矛盾。如果没有定义可以提供，你自己编造一个或多个定义通常也很有用，但要记住，它们在你的材料中是"暗示的""隐含的"或"预示的"。

用法

词汇如何使用，为有趣和原创的论点提供了各种各样的可能性。在此有三种方法，每一种都需要不同程度地援引有关语言使用的文献。第一种是专业的方法，它仅针对从事语言和相关学科研究的学生们，并且不应该束缚我们。第二种方法涉及借助语言研究的既有传统。第三种可以总结为个人主义策略，它不明确声称遵循任何语言分析传统。采用第二种方法的学生需要了解他们手头可用的资源和传统。说得更具体些，基本掌握以下语言分析形式的目的和用途很有裨益。

- **语文学**：研究词语的起源和使用变化（又叫语源学）及语言。
- **语言学**：研究语言的结构和使用。
- **社会语言学**：语言学的一个分支，研究语言和社会之间的关系。
- **语篇分析**：这个术语有两个主要意思。（1）作为语言学的一个分支，它研究的是语言在"日常语境"中实际使用的方式——一个语篇通常被认为代表比句子更长的一段文字；（2）研究不同分类形式和知识的社会和政治发展。
- **符号学**：研究符号和指代系统（任何形式的符号，包括图像形式的、文化方面的等）。

在现代人文和社会科学领域，使用最普遍的方法是社会语言学和语篇分析（第二个意思）。这些广泛和包容的潮流尤其适用于社会和政治讨论。与语言研究的其他形式相比，它们有着专业性较低的额外优势。

然而，关于词语用法的争论不一定要诉诸专业文献。值得注意的是，历史和社会学中最精彩的著作都广泛涉及语言的使用，但却没有提到语言研究的多个学科领域。的确，如果利用这些文献只是为了给你的工作增加一些不清不楚的技术输入，那么就应避免这样做。在人文和社会科学的许多领域，可以接受的做法是：做一个清晰的陈述，解释你分析一个术语或短语的特定方式，然后继续推进。以下是四句阐释性陈述：

1. 本文将探讨并解释（术语或短语）的历史沿革；
2. 本文将探讨并解释（术语或短语）的用法存在的差异（可能与地域有关，或在某一特定文本内）；
3. 本文将探讨并解释（术语或短语）使用时呈现出的对立面（参阅论证步骤一）；
4. 本文将探讨并解释（术语或短语）的社会和政治功能。

撰写关于词语的文章或谈论词语是提出论点最有效和最有启发性的方式之一。它不要求你把大量的专业术语导入你的领域。它所需要的是仔细考虑哪些术语将支撑有实质性的论点，并清楚地说明你将如何分析它们。

关于分类的论证

分类即贴标签。它是一个必要但通常有争议的过程。什么是"女权主义者"？阿尔伯塔是农村吗？尼安德特人有"技术"吗？古罗马"腐败"吗？所有这些问题都有一个要求，即某个分类能纳入什么，需要对此进行决策。

对于分类的论证很常见。事实上，在人文和社会科学领域，新生通常把对特定的人、群体或事件进行分类当成他们的主要论点。这种做法没有错。可是如果没有适当考虑将要运用的分类，它可能导致得出非常平庸的结论。

接下来，我们将介绍两种基本的分类论证形式。

他们是/他们不是……

当我们给一个人或一个物体贴上一个具体的标签时，或者反对运用在此人或此物上的分类时，有必要为你使用的标签提供一个定义。正如上文所述，这种论证形式特别容易受到陈词滥调和枯燥公式的影响。如果你的分类看上去要陷入这一危险中，那么你很可能需要让你的分类更具体，或者借助其他作者为你试着贴标签的话题提供各种不同的视角。这种方法有助于你解读证据。然而，探讨他人的分类会暴露其缺陷。这一练习很容易变成一种纯粹的描述。"莫多德声称阿齐兹是功能学派"这种论证是不充分的。你必须解释为什么她这样认为，并且评估这一说法的原因和适当性。

变化各异的分类

历史、地理和社会分类的多样性为有趣的论证提供了大量机会。例如，50年前"环境"这一标签的意思或当今它对不同社会群体（国籍、阶级、种族等）的含义，与当代自然和社会科学所使用的标准定义差别很大。这样的差异极其复杂。虽然如此，"纯粹的描述"偶尔也会作为实质性论点被人合理地提出。最好在心里一直问"为什么"，并且当你怀疑所描述的经验数据的丰富性时，不妨多问一问。

> **有用的句式**
>
> 此文将论证：
> - 沃德对……下的定义导致她错误地认为……
> - 政府部门的声明是基于对……的两个矛盾的定义；
> - ……这一术语的历史打开了一扇改变……经济前景的窗户；
> - 政府对……的沉默表明它不愿意启动关于……的议程；
> - 勃朗特可以归入……一类；
> - 将阿明归入……一类，太简单化且有误导性。

> 词语很重要。但是当我们运用这种论证类型时，需要特别留意最初的问题，"这重要吗？"。我们需要澄清为什么我们感兴趣的特定的术语差异很重要。要做到这一点，我们可以表明对于所讨论的词语的意思或分类正在进行一场激烈的辩论。

论证类型 5：贡献和影响

虽然严格意义上说，论证类型 5 和 6 是我们讨论因果论证的子集，但由于它们普遍存在且受人欢迎，在此也应进行讨论。在一定程度上，它们的广泛使用可以从它们诱人的简单性中得到解释。声称 x 对 y 有重大贡献或 x 对 y 有重大影响是一种直截了当的说法。这种方法的主要危险是过于简单化，并且没有充分认识到贡献或影响的确切属性。接下来，在本节中，我将针对如何最有效地利用这种论证形式提供一些建议。

论证是一种分析形式。在解释贡献或影响时，阐明它发生了以及是否重要是不够的。你还需要评估它的独特性，它的与众不同之处。让我们试举一例。假设你想要论证一个名为"水路权威"的组织对可持续反污染措施的提出所做出的贡献，仅仅列出该组织做了些什么是不够的，仅仅声称该组织的行动很重要或有重大意义也没什么用。事实上，作为一条普遍规律，当你发现自己正在记录一个贡献或影响"很大""很小""意义重大""不重要"时，要停下来自问"我解释原因了吗？"分析不仅仅是列举一系列形容词而已。形容词本身只会引发更多的问题，例如，"为什么很重要？""它的贡献有什么重大意义？"对于我们虚构的"水路权威"组织及其提出的可持续反污染措施，若要进行连贯的论证，可能需要做好如下事项。

- 声称该组织最为广泛认可的贡献在某一领域，但是你要论证

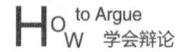

它在另一个更重要的领域也做出了贡献。
- 评估该组织相较于其他类似机构或组织的独特贡献（参见论证类型6）。
- 详细分析该组织的贡献是如何实现的；换句话说，在充分解释它之前，需要研究什么机制或过程。
- 运用论证类型1和/或2。

归纳起来，关于贡献和影响的论证直截了当，效率很高。然而，它们不应当成为单纯描写或过于简单化的借口。这样的论证不是为了列举事实，而是为了解释那些改变，并向人们、机构和事物发出了挑战的过程。

有用的句式

此文将论证：
- 欧盟对……的贡献呈现的形式是……
- 已被普遍接受的关于联合国对……的贡献的评估是不充分的，有误导性的；
- ……的主要影响在于它的……
- ……的影响被自身的内部矛盾削弱了。

> 要想确保这类论证最终看起来不会太具描述性，一种很好的方式就是将其与批判某人关于贡献或影响的声明结合在一起（参阅第4章）。事实上，这通常是这种论证类型的预期成分，也是要求最低的部分，批判他人的主张通常比支持自己的主张更容易。

论证类型6：对比和背景

对比和背景化能揭示所有的主题。这两种方式有诸多共同之处。例如，两者都可以通过反面例子来支持论证，即借由一个证明其错误的例子来反驳某一立场。两者遇到的问题也相同，例如对比和背景化的边界以及边界划分的原因都缺乏特异性。虽然这两种方式相似，但它们还是有其独特目标的。

对比

对比论证分析的是一个现象，以某一个单独但在某方面类似的现象为背景。它最常见的形式之一与地理有关，将一个地点和另一个地点进行对比。尽管普遍存在，但对比论证还有一些令人讨厌的缺陷。最重要的潜在问题是它不能允分回答一个简单的问题："为什么你将这两者进行对比？"只有在考查被**认为有共性**的事物在不同背景下形式上如何变化时，对比论证才有作用。它们与相似点和不同点都有关。断言一个物体与另一个物体完全不同的对比是毫无意义的。接下来的要点应该有助于提出实质性的、有说服力的对比论证。

- **证明你选择的比较对象是合理的**。这一点似乎不言自明，但令人吃惊的是，我们通常很少考虑这一点。在地区对比中，任意性似乎尤其令人不安——调查世界上任意两个不同国家或地区发生的某个过程，通常缺乏信息且易产生误导。
- **质疑你的对比点**。当对比论证将分析对象看作当然的且毫无问题时，这种方法看起来就有些简单化。举一个传播学研究的例子。如果你比较的是不同国家的媒体，你需要了解，这类机构也许不是国家性的（它们可能是地区性的或跨国的）。再者，即使我们接受"印度媒体"或"德国媒体"这样的提法在某种程度上很有用，也不意味着这些国家提供了相对单一或最相关的解读媒体活动的框架。要将你的比较点看作分析的一部分。
- **重心下移**。要经常发问"比较的是什么？"你考虑的事物或过程越具体、越容易辨识，你的分析就越有用。这点还会促进你将比较的变量缩减到最少。
- **确认相关的共性**。只有表明了比较对象之间有一定的联系，即存在共性时，对比论证才会有作用。再者，你确定的共性越具体越好。

背景

所有的论证都提供背景。然而有一种特殊的论证形式，它将提供理解背景作为它的首要策略。

受欢迎的背景选择反映了大学学科（历史、地理、政治、经济学等）确立的知识界限。然而与其他论证形式相比，这种方法成功的关键是要具体。有启示作用的背景确认得越精确，你的论证就显得越有用。例如，我们可以正确地说"此文将论证马来西亚现在的反种族主义立法只有置于历史背景下才会被人理解"。这句陈述作为一个总论点也许很有用，但它需要迅速得到一个更具体的主张的支持。例如："说得更具体些，可以证明的是，反种族主义立法根源于政府和商业利益集团对 1969 年'种族骚乱'的回应。"

讨论背景时，吸引人的是你的视域在不断扩大。当学得越多并意识到其他材料也有关联时，过于热情的学生会忍不住"照单全收"。更精明的学生也许事后会声称他们的方法将有关因素搜罗了个遍，给他们提供了一个很大的视野。然而，搜罗所有的事实并纳入所有的细节这种做法是随机和没有条理的，在本科生的作业中应该避免。但是当你手头可以支配的词少于 20 000 个时（大多数学生的作业比这个还短），不"省略一些内容"是一种你无法承受的奢侈。阐明你的背景，明确地说清楚，并坚持。

> **有用的句式**
>
> 此文将论证：
>
> - 英国统治印度和南非的经验以不同方式助长了两个国家的社区间暴力；
> - ……和……之间的对比，表明后者装备不足、资源匮乏；
> - 艾勒斯的对比应用了错误的对比方法；
> - 纳耶克的著作只有置于19世纪晚期沙俄文化政治危机的背景下才能被理解；
> - 戴尔蒙德没有领会当前影响……的政治背景。

> 这种论证形式是最简单和最有效的论证形式之一。它也是最容易展现原创性的论证类型。第6章将解释那些涉及新背景和新比较的论点是如何获取的。

小结

当你提出论点时，你其实是在声明自己在提供一种分析。你不仅在描述事物，而且也在回答"如何？"和"为什么？"这两个问题。

分析形式一定要具体。

重心下移：删去所有无益于你清楚明白地阐明自身立场的材料。

学会用一句话概括你的观点

你的论点是什么？为了确保有论点且论点有意义，你需要将它写下来，用一种尽可能简洁的形式写下来。这并不简单：它通常需要修改好几次。即使完成了，你写下的也只是个初稿。

如果你的论点没有可以用一句话记录下来的要点，那么要将它清楚地传达给读者可能会很难。稍后你需要重新组织（或扩充）这个句子。为了你的读者，你需要对其加以润饰。然而，现在所需要的是一些更加个性化、更加粗略的东西。句子不连贯、不合乎语法规范，都不重要。写在旧信封上或手背上也不要紧。重要的是，你能够草草地记录下一行字、一个创意，它让你很开心，并且抓住了你的基本要点。

小结

你已经定下了一个实质性问题。

你已经考虑了你的论证形式。

你用一句话粗略地记下了概要。

现在该做什么？

现在你需要建构你的论证。第 2 章将告诉你如何做到这一点。

🔧 实用小贴士

回答"这重要吗？"这个问题有点让人望而生畏。一个简单的方法就是回顾一下这个话题是否在适当的刊物或其他媒体被专门报道过。如果人们正在谈论它或在纸媒上讨论它，那它有可能很重要。

选择论点时，通常最好让它简单些。复杂不等于深奥。运用一种你并不真正理解的论证类型通常会带来麻烦。更好的做法是，选择自己驾轻就熟的，以及那些你能清楚和令人信服地进行沟通的论证类型。

选择一种论证类型时，你不需要做一个纯粹主义者。你可以将本章介绍的六种类型与其他类型混合搭配使用。重要的是，你能够用清晰的语言表达论证的核心。

如果你从一开始就考虑你的论点会招致哪些反对意见，你的论证就会得到加强。如果你把最重要的反对意见（它们需要在你的论证结构中找到一个位置）都驳倒了，你的论证就更有说服力。

✏️ 练习：用时较短的小组练习

制胜的论点

这项练习仅需花费 30 分钟左右。它的目的是为了让小组气氛活跃起来，让学生们谈论论点，并思考哪些证据和推理会让论点更加可信。它带有一种竞争的意味，但却不失是一次严肃的学习体验。一个小组（理想的话，最多 5 个人）选择一个话题（每个人需要专注于相同的话题）。它应该是一个每个人不用太费力就能提出论点的话题。每个人都需要针对该话题提出一个论点（可以用一两句话写下来），再加上两三个理由来支持他们的观点。适合这项练习的一些很好的话题有：美国化、宗教、环保、年龄歧视和名流。

一旦每个人介绍完了他们的论点和理由，小组就可以开始讨论并决定哪一个论点最为可信（以及为什么）。如果讨论的时间更长，多个 5 人小组可以在内部进行这项练习。胜出的论点（及其原因）可以引入稍后的圆桌讨论中，并选出最终的胜者。

找到对立面

这项练习耗时不长（30分钟），旨在让小组里的学生们开始就论点提出"大胆的想法"。其焦点在于从人们熟知的广泛的话题（如民主、文明、怀旧、社会主义、资本主义）中找到对立面。每个学生选好一个话题后，还需要记下话题中的至少一个对立面。练习结束时，小组成员应该讨论最具实质性的论点是哪一个（即对立面显得最为重要的那一个论点）。善意提醒：这项练习相当考验人，只有当学生们经过初步探讨，并介绍完了对立面的一些例子后，才会有效。

✎ 练习：用时更长的练习（自我引导或小组）

准备开始：你到底想说什么

论证一旦开始，它们就有了自己的活力。就如同它们开始自己做记录一般。到目前为止，论证最难的一部分是如何开始。它可能是令人沮丧的。一个人思考的时间越长，等待灵感的时间越长，这样的情绪就越强烈。真相是，论证不能靠等，它们是从动笔开始的。

这项练习旨在提醒大家：你的论点代表了你。它们不是单纯的技术性事务，而是有一定深度的内容——它们向世界传递了你的思想和信念。

这项练习分为四个阶段。

1. 在你的学科范围内确定一个领域（一个子领域或主题）。
2. 写下两列短句，每一列 10 到 20 个句子（一个词的答案不算）。做这件事有速度要求：写完两列句子的用时不能超过 15 分钟。第一列应该是你对该领域持有的意见和想法。无论你写下的条目多么疯狂、粗略、陈腐或明显，都无关紧要。重要的是它们反映了你实际持有的观点。第二列应该包括在你看来他人对该主题持有的意见和想法，而你自己并不同意这些意见和想法。
3. 浏览两列句子，从每一列中圈出可能成为实质性论点的基础的那一句（即最有趣、最具体、最具独创性、最新奇，而不是最显而易见、最模糊或最无关紧要的那一句）。如果你需要圈出一句以上（如果你认为它们有同等价值）也没问题。
4. 撰写两个短段落来捍卫你的选择。你需要做的就是解释为什么你认为圈出的条目如此特别（作为备选，你还应该解释为什么你列举的其他条目不那么重要或者不那么吸引人）。

最终你得到的是一个实质性论点，你主张并准备捍卫它；还有另一个实质性论点，你不同意并且准备批驳它。

这项练习可以按小组实施，参与者在第三或第四阶段交换他们的清单，并以对方的答案为基础写句子或段落。这些

055

可以稍后读给大家听，并用作讨论的基础。

身边的论点

论点在我们身边处处可寻。它们存在于我们的谈话中，在我们观看的电视节目中，在我们看到的广告里，在我们从事的工作中。甚至诸如风景和建筑这样的事物中也包含论点，因为它们反映了一个人的着眼点、观念和分析。通常我们与99.99%的论点擦身而过。我们不同意或反对它们，但却被动地允许它们构成了我们生活的框架。这项练习就是为了改变这一习惯，即使只是改变一天。它是为了让我们看到并听到围绕在我们身边的论点。

你需要的一切就是一个记事本（可以把它当做你的论证日记）和你一天的时间。这项练习结束时，你要将已经搜集到的论点按照逻辑类型归类。然而在这之前，你唯一需要关心的是论点的不同来源。因此，你应该将你的条目归类到以下四个范畴：

1. 你参与的论证（如交谈、礼貌的聊天、争吵）；
2. 你听到的论证（如你无意中听到的、在电视或广播中听到的、讲座中听到的）；
3. 你看到的书面形式的论证（如你在书中、广告中和小说里读到的论点）；

4. 你经历的非书面形式的论点（如包含在物品设计、人们的肢体语言、事务的规化、某人一天的行程里的）。尽管这些非言语的符号和象征不符合论证的传统定义，但留意各种事物以非语言的方式"和你说话"、交流想法和意见的方式还是很有用的。

一些人觉得这项练习起初很难。窍门在于要意识到论点是需要明确的，并且你需要将它们抽离出来加以命名。然后，这就变成了知道什么时候该停止记录的问题了。用不了多久，你会发现身边充满了论点，数目多得令人吃惊。当这种情况出现时，你就需要有所选择了。尝试在前文提到的类别下记录15~20个条目，尽可能随机选择。如果你太有倾向性，只选择那些感兴趣的条目，你很可能会发现你所有的条目在逻辑上是类似的。

逻辑形式的多样性很有用，因为这项练习会将每一个论点归类于本章已讨论的六种论证形式中的一种，或者你自己设计的逻辑论证中。

你的论点日记可以当作小组讨论的基础。你们也可以根据兴趣进行调整，例如只寻找那些涉及因果关系的论点，或者是那些与性别问题有关的论点。这很灵活。无论怎样，兴奋也好，头疼也罢，你从这项练习中收获的都是：自己不仅被论点包围了，而且有能力确认并分析它们。

延伸阅读

> 本章讨论的六种论证类型在学术争论中被广泛使用。这意味着，在运用它们之前，你有必要熟悉人们过去运用它们的方式，尤其是在你自己的学科领域内。
>
> 接下来的参考书目，旨在给那些期望读到更多关于本章所讨论的论证方式的人提供一些建议。这个清单很有限。我甚至没有试着提供一份前文所述观点涉及的多个学科的全面概况介绍。前文提供的，要么是对某一特定论证形式的一般性的或学科性的介绍，要么是有趣的或有启发性的，以及以研究为基础的论点的应用实例。

论证类型 1：明确对立面

对立面和矛盾

*Brenkman, J. (2007) *Cultural Contradictions of Democracy: Political Thought Since September 11*. Princeton, Princeton University Press.

*Cooper, F. and Stoler, A. (eds) (1997) *Tensions of Empire, Colonial Cultures in a Bourgeois World*. Berkeley, University of California Press.

*Habermas, J. (1988) *Legitimation Crisis*. Oxford, Polity Press.

辩证法

Bhaskar, R. (1991) 'Dialectics', in Bottomore, T. (ed.) *A Dictionary of Marxist Thought*. Oxford, Blackwell.

Williams, R. (1983) *Keywords: A Vocabulary of Culture and Society*. London, Fontana.

解构

Bennington, G. (1993) 'Deconstruction', in Outhwaite, W. and Bottomore, T. (eds) *The Blackwell Dictionary of Twentieth-century Social Thought*. Oxford, Blackwell.

Norris, C. (2002) *Deconstruction, Theory and Practice*. London, Routledge.

论证类型 2：因果关系

定性证据

定性证据的文本倾向于将主题与口头和/或个人叙事的研究等同起来。要想更全面地了解，除此之外还要考虑事件、行动和过程的意义，关于历史解读的文献是很好的参考资料。

Creswell, J. (2007) *Qualitative Inquiry and Research Design: Choosing Among Five Approaches: Choosing Among Five Traditions*. London, Sage.

*Henige, D. (2006) *Historical Evidence and Argument*. Madison, University of Wisconsin Press.

Jenkins, K. (1991) *Re-thinking History*. London, Routledge.

Jordanova, L. J. (2000) *History in Practice*. London, Arnold.

Morse, J., Swanson, J. and Kuzel, A. (eds) (2001) *The Nature of Qualitative Evidence*. London, Sage.

定量证据

Creswell, J. (2002) *Research Design: Qualitative, Quantitative, and Mixed Methods Approaches.* London, Sage.

Fielding, J. and Gilbert, G. (2006) *Understanding Social Statistics.* London, Sage.

Huff, D. (1973) *How to Lie with Statistics.* Harmondsworth, Penguin.

*McClelland, P. (1975) *Causal Explanation and Model Building in History, Economics, and the New Economic History.* Ithaca, Cornell University Press.

Thiessen, V. and Gringrich, P. (1993) *Arguing with Numbers: Statistics for the Social Sciences.* Black Point, Fernwood.

论证类型 3：从观察开始或从假设开始

*Achinstein, P. and Hannaway, P. (eds) (1985) *Observation, Experiment, and Hypothesis in Modern Physical Science.* Cambridge, MIT Press.

Chalmers, A. (1999) *What is This Thing Called Science?* Buckingham, Open University.

Gauch, H. (2002) *Scientific Method in Practice.* Cambridge, Cambridge University Press.

Gower, B. (1997) *Scientific Method: A Historical and Philosophical Introduction.* London, Routledge.

Morton, A. (2003) *Philosophy in Practice.* Oxford, Blackwell (chapter 5).

*Popper, K. (2002) *The Logic of Scientific Discovery.* London, Routledge.

论证类型 4：关于词语的论证

语言研究，尤其是语源学研究的最好来源之一是一本好词典。完整版的《牛津英语词典》是一个非常有用的学习助手和研究工具。

Aitchison, J. (1999) *Linguistics: A New Introduction.* London, Headway.

Cameron, D. (1992) *Researching Language: Issues of Power and Method.* London, Routledge.

Fairclough, N. (2003) *Analysing Discourse: Textual Analysis for Social Research.* London, Routledge.

Nunan, D. (1993) *Introducing Discourse Analysis.* London, Penguin.

*Shapiro, M. (ed.) (1984) *Language and Politics.* Oxford, Blackwell.

Williams, R. (1983) Keywords: *A Vocabulary of Culture and Society.* London, Fontana.

论证类型 5：贡献和影响

*Bowser, B. and Hunt, R. (eds) (1996) *Impacts of Racism on White Americans.* Thousand Oaks, Sage Publications.

*Cotton, W. and Pielke, R. (2007) *Human Impacts on Weather and Climate.* Cambridge, Cambridge University Press.

*Frijda, N., Manstead, A. and Bern, S. (eds) (2000) *Emotions and Beliefs: How Feelings Influence Thoughts.* Cambridge, Cambridge University Press.

*Gray, J. (1998) *The Contribution of Educational Research to the Cause of School Improvement.* London, University of London, Institute of Education.

*Segall, M., Campbell, D. and Herskovits, M. (1966) *The Influence of Culture on Visual Perception.* Indianapolis, Bobbs-Merrill Co.

*Smith, M. and Marx, L. (eds) (1994) *Does Technology Drive History?*

The Dilemma of Technological Determinism. Cambridge, MIT Press.

论证类型 6：对比和背景

Bassnett-McGuire, S. (1993) *Comparative Literature*. Oxford, Blackwell.

*Gilmour, R. (1994) *The Victorian Period: The Intellectual and Cultural Context of English Literature, 1830-90*. London, Longman.

*Goertz, G. (1994) *Contexts of International Politics*. New York, Cambridge University Press.

Graham, B. and Nash, C. (2000) *Modern Historical Geographies*. Harlow, Prentice Hall.

*Kachru, Y. and Nelson, C. (2006) *World Englishes in Asian Contexts*. Hong Kong, Hong Kong University Press.

O'Neil, P. (2006) *Essentials of Comparative Politics*. New York, W.W. Norton.

*Sharot, S. (2001) *A Comparative Sociology of World Religions: Virtuosi, Priests, and Popular Religion*. New York, New York University Press.

Sica, A. (ed.) (2006) *Comparative Methods in the Social Sciences*. London, Sage.

02

HOW to Argue

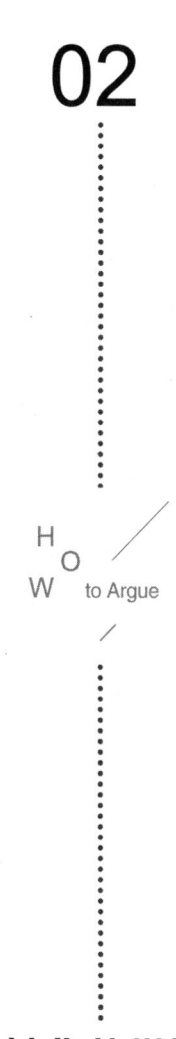

好逻辑让你的辩论更有力

整理你的想法

它在你的大脑中形成。随后,它变成了纸上的一堆笔记。现在你需要将这种高度个人化的想法转化为可被人们理解的东西。你需要传达你的论点。本章会告诉你如何做到这些,并带你了解组织论证结构时需要采取的三个主要步骤。本章将告诉你如何有逻辑地勾勒出你的想法(步骤1)。然后你就能够用一句话总结出你的论点(步骤2)。最后,我会提供一些指导,教大家如何将论点融入论证的各个部分(步骤3)。

主题

- 如何让论证结构清晰明了
- 简明、规范地概括观点
- 需要考虑的五个关键点

关键词

结构　　概括论点　　经验材料　　理论　　结论

在这一阶段，你的论点也许已经完美了。它也许看上去弥足珍贵，已无须再修改了。然而，你仍然得找到一种方式来解释它。你必须让读者快速理解它，这当中有些读者懒得做任何记录。要做到这一点，你必须学会如何阅读自己的文章。学会如何阅读自己的文章意味着带着不轻信的、早有耳闻的怀疑者的眼光来审视自己的努力。从初稿到最终成稿，这种爱挑剔的另一个我应该一直伴随着你。当你开始组织论证、赋予其结构时，质疑精神特别有价值。

如何让论证结构清晰明了

在每个平常的日子里，我发现自己都会卷入许多争论之中。它们的表现形式或者是和友人的聊天，或者是对着一件厨房用具大喊（或沉默）。作为日常发生的普通事件，这些遭遇很正常。它们是无意识的、即兴的、不问青红皂白的，它们完全符合当时的情境。学术争论可不能这样。说得更准确些，它们无须那样，因为学术争论是有准备的。如果你有机会提出一个论点，如果你有几个小时、几天或好几周的时间来确定它的结构，那么它必须看起来是经过深思熟虑和认真组织的。

学生们不断被告知要计划好他们的论文，草拟好提纲。然而，如果让人在没有任何帮助的情况下去完成一项知识型课题，这一"告知"不仅很容易让人生厌，也会破坏学生们的想象力。然而，当它被用来激发你的智力时，这样的建议就成了释放的动力，一种让你的意图、观点跃然纸上的基本工具。

网状图和箭头

正如"如何让论证结构清晰明了"暗示的那样，将你的思想传达给更多读者的第一个阶段可以用图来表示。勾画出你的论点，用网状图、箭头、方块等来代表它们，这种简化的做法至关重要。这要求你将自己的想法分成易懂的、各自独立的部分。它还要求你用一种直观的、通俗易懂的方式表示出各部分之间的联系。这种简化的举动有时似乎会严重破坏你的原创论点中的巴洛克式的细节。但这就是沟通的代价，连贯性比复杂性更重要。

每个人都有他自己的概述论点的风格。网状图和流程图是两种最常用的方法。孩子们在学校通常学到的是网状图。对于任何年龄段的人来说，它们都是有效的孕育思想，并找到这些思想之间的联系的方式。网状图以你要探讨的问题或主题为起点，这可以看作蜘蛛网的中心。从这一点开始，思想向外扩散，形成一个（通常不平衡的）网状结构或树状结构。网状图尤其适合用在提出论点的最初创意阶段。然而，它们并不善于帮助你将所有的想法转化成一篇连贯和可信的论文。当落到笔头上时，蜘蛛网的散乱状态就会变成一大堆毫无关联的段落。因此，我建议完成网状图之后，下一步按规矩来。接下来，我将介绍一种结构清楚的流程图。它有四个阶段。

阶段一：确认论证的不同部分

每个部分代表了你的论证的一个关键小节。确认的数量要尽可能少。适当的时候，你也许期望这部分可以代表你的论文潜在的小标题。在这个阶段，不要将这些部分按顺序排列，但可以给它们配上标题。这些标题也应该尽量简单。我使用的例子采用的形式是反对另一个作者（布朗）的观点，并且仅

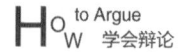

使用导言、反面证据、布朗的观点和结论四个基本成分。

阶段二：安排好各部分的逻辑顺序，将它们用箭头连起来

你的某些部分（例如导言）的次序将会很明显。不过，你可能需要调整其他部分的次序：验证一个部分是否真的以另一个部分为基础，或者在逻辑上可由另一部分推导出来。在这里，最重要的法则是逆向的：如果 y 部分要求基于 x 部分才有意义，那么 x 必须出现在 y 之前。通常，论点应该是累积性的，它们的要素应该看起来源自以前介绍的著作。这不是一条铁律（一些自信的辩论者喜欢炫耀它），却是一个很好的建议。

阶段三：拆分每一部分的内容

你的论文的每一个部分都像一篇小论文。它们应该有开头、中间和结尾。在这个阶段，通常需要介绍的是你的论文将要采用的其他主要参考书、理论和立场，它们都有特定的名字和标签。一些人更喜欢将每个部分拆分成一系列更小的部分，这一步要确保你留意到了每一小节的逻辑流程。不过，从微观上看，网状图可能也不错。此外，网状图的优势在于表达联系的复杂性（也就是你的论文不同部分之间的关联方式）和对于创造性思维更加包容。

阶段四：用次级箭头表明论证各部分之间的关系

概述论点的最后一步是找到各个论证部分之间的关键联系，因为它们与之前的形式已经不一样了。你应该确保导言中提到的观点在其他地方有所提及，那些突然让你印象深刻的重要的新联系也没有被忽略。现在是时候处理潜在的批评了。通常在最后这个阶段，作者需要确保他们处理了潜在的反面证据。问问自己"还有哪些材料或起因在此有关联？"以及"我该如何反驳这个论点？"如果你发现这些问题让你的论点站不住脚了，那么你必须放弃它或索性重新构思它。

小结

确认论证的不同阶段。按次序列出提纲，展示出各阶段之间以及每个阶段内的联系。

提纲要尽量简单。

简明、规范地概括观点

当你很快就要正式提出你的论点时，你需要开始组织那些能够表达中心思想的特定词汇和短语。你需要用一种一听就懂、不会造成他人误解的方式来发表你的论点。在这个阶段，粗略的记录和个人概括已经不够用了。依照你勾勒出的结构，你应该能够提出一个连贯、清晰和合乎语法规范的论点了。

如果你的论文不是纯理论的，那么你需要在一句话概要中提及你用来立论的经验证据。在这个阶段，所谓的一句话概要在必要时可能会有两三行那么长。虽然你不想让概要看起来像一个段落，但你的确要避免让你的论点弱化为太过简化的东西。关键在于要让你的概要在论点允许的情况下尽可能地简短。简明的概要很有力量。它会成为你的"撒手锏"，它能避免重复，读者或听众也能轻松地做出回应。撰写概要以及尝试不同的版本是值得花时间的。

小结

简明地概括出你的论点。不要匆匆了事，这是你的撒手锏。

需要考虑的五个关键点

如果你已经完成了本书目前概括的所有步骤，那么陈述论点将会水到渠成。你已经完成了任务最重的那一部分脑力劳动，厘清了论证结构，并且将核心观点以概要形式总结出来了。你现在需要做的是汇总这一切。在本节中，我将概述学生们在落笔论证时要时时考虑的五个关键点。

如果你在撰写论文，而不是做口头陈述，那么你有很大的余地来推敲你的论点。然而，如果这样做从根本上看没有问题，我仍会建议不要在这个阶段增加太多的补充材料。如果你遵循的是一条连贯和有趣的思路，那么试图塞入更多的主题、假设或其他东西会毁了你的论文。正如第 1 章所解释的，有力的论点有一个清晰准确的焦点。让焦点陷入危险等于在冒险。

最后，不要忘记论点源于论证。这意味着，在初稿里，你需要提及你的材料来源。这些来源不是次要的，不能加在最后。你在学术圈里写作。这一事实你传递和表达得越清楚，你的文章越会被认为有根有据，也更精到。

开篇：论文最重要的部分

开门见山地清楚陈述你的论点

开篇很重要。它重要是因为在任何大班（学生多于 30 人）课上，如果想要你的论文获得关注，你需要率先造成冲击。另外，还因为论文的开篇确立了你的论点，你不可能把它留到结尾，你也不能等着让评阅人在 26 页才渐渐明白你的意思。你需要开门见山地提出你的论点（无论你的文章是 20 000 字还是500字，这一点都很重要）。概括地说，你陈述完论点后写下的所有材料都是在为你的论点服务，在这之前你写下的所有文字都是序言。

我个人认为，理想状态是序言、介绍性的背景等内容不能长于1到2个自然段。论点应该用一句话来陈述，它应该表述明确，不要让读者摸不着头脑。可以写下类似"此文将论证……"这样的句子。记住：在适当的地方，你的概括性论点应该提及你准备要利用的经验材料。

清楚表明你将参加争辩

开篇还应该告诉读者，你的论文将要进行争辩。换句话说，你需要指出：关于即将讨论的主题，你知道有大量学术文献存在；并且在争辩中你将支持或反对某些既有的立场。使用参考文献，点名提到一些作者或关键文章，在论文中尽早这样做永远都值得提倡。

陈述你的结构

提出论点并指出你参与的争辩的本质之后，通常需要解释文章的结构。这适用于篇幅较短的作文和口头陈述，也适用于长篇文章。读者和听众想知道你是如何行文的。学术论文不是为了让人有惊诧之感。你的开篇需要准确地传达你的论文要说些什么，以及它是如何例证的。明确告知你正在做什么，从而不会让评阅人有太多借口在他们的评分单上写下"结构混乱"或"论点不明"这样的话。这样做没什么想象力，也不会让人眼前一亮，但接下来的话语对你一定有用："本文有三节。第一节……第二节……最后，在第三节……"

如何使用经验材料

一些学生发现，一旦他们学会了论证，另一个问题又出现了。过去，"单纯的描述"在他们的文章中占了很大篇幅，现在它们又面临由"纯粹的论证"构成的危险。换句话说，学生们觉得自己不知道如何处理"证据"，如何把证据"糅入"到他们的分析中。这个问题在一些文章中特别明显。这些文章不是从理论到观察突然地来回跳跃，就是从表达清楚的论点拙劣地跨越到了一大堆数据上。

议论文包含的不仅仅是介绍和结论。它们的存在是为了厘清事实，解释数据。言外之意，你的经验材料必须在你陈述观点（即开篇）时就完整地介绍一下。它还意味着，当你考量经验材料时，需要不断地返回到论证的术语和内容中。你的论文就是你的论点，只有这样，其他一切才能有意义。如果你发现自己描述了一些对论证和分析毫无作用的事物，那么你很可能需要重新评估你的方向，并开始用红线标出跑题的内容。

虽然经验主义的跑题应该避免，但将一个人的数据看得复杂些通常并没有什么不对。说得更具体些，可以把它们视作丰富且微妙的。学生们通常犯的错误是将他们的经验材料进行同质化处理。在它们的想象中，所有的经验材料只能证明一个要点。这就导致了毫无意义的重复。例如，当学生们在使用定性访谈数据时，成篇的援引有时是为了反复证明同一个要点。这样的文章浪费了你的数据，读来无趣，给人的印象就是你没有仔细"倾听"你的数据。毕竟，如此多样化来源的数据是不可能用来反复证实同一个想法或主题的。更加可能和有用的结果是：这样的数据将说明有哪些不同的侧重点、不同的原因可以用来支持你的总体分析。这一认识可以延伸到其他类型的材料。如果从各种不同的立场，而不是单从一个立场来证实它，你的论证就会更加有力。

✓ 始终将论据和论点关联在一起，避免反复举证。

如何处理理论

理论是论点，或者说得更具体些，理论被认为是有重大意义且有来头的论点。言外之意，与理论交锋也就是与一个广为人知且热门的论点交锋。你不可能避开理论。然而这并不是说你必须将你的文章置于某种宏观的、概括性的理论背景之下。事实上,理论通常越具体越好。例如,如果一个人期望将自己的论文定位在和结构主义的关系中,就务必说清楚是哪种类型的结构主义以及谁倡导的结构主义,而不是将结构主义的多样化传统压缩为一系列乏味的抽象概念。

与理论交锋的秘诀不在于在文章中四处提及"××学"和"××主义",或是提出一些让人似懂非懂的"创想"。提到理论时,应尽可能准确和有针对性。为了帮助大家处理好理论的问题,接下来介绍一些该做和不该做的注意事项。

应该做的

- 一开篇就明确指出你要提到的相关理论。要有针对性,援引具体的理论和有名有姓的支持者以及具名的学派。
- 表明你知道在你所涉及的理论中还有其他选择。
- 解释你为什么运用该理论。
- 在文章中加入一些当代的理论参考(避免给人一种"你已落伍"的印象)。

如何论证

- 使用短句,这有助于你的解释被人理解。

- 定义你的理论。有可能它有不同的解释，因此务必阐明你的定义。

不应该做的

- 不要提出过多的主张。你不可能反驳或充分论证与你的主题相关的所有理论传统。此外，无限定的陈述看上去很无知，例如"此文将证明行为主义是错误的"或"此文将采用后现代的方法"。提出更准确的主张会更好，例如"此文指出了行为主义方法论的一个局限"，或"此文采用了德里达解构主义的方法"。
- 不要运用太多的理论。一个或两个理论传统通常就够了。引入更多的视角会让读者摸不着头脑并偏离你的主要论点。你的论文不可能从每一个角度审视主题。相反，它应该提供一个具体的、有用的和自知有限的理论视角。
- 不要采纳你不相信的立场。没有必要这样做。
- 不要参考你不理解的材料。有时也许能蒙混过关，但迟早你会露出马脚。不值得冒这个险。如果你不理解某个理论或是某个理论的一个领域，那就应避免提及它。

论证要呼应论点

在文章结尾或倒数第二段，你需要明确地回到你的中心论点上来。你还需要说明自己是如何展开和／或证明中心思想的。言外之意，结尾不应仅仅是重复论点。在这一阶段，你应该能够依照你的证据和分析来讨论它。通常可取的做法是，利用这个时机将你的论点**展开**来说，将开篇的一句话概要改写成一个能够反映你微妙立场的段落。如"此文已经证明……"或"正如我在此文中表明……"这样的句式可用于此。它们提醒读者，该文已经达到了目的，实现了它最初的主张。

> 结尾时重提论点，强调你的论文已经实现了目标。✓

结尾要掷地有声

如果你想论文有冲击感，那么你的结尾需要吸引读者的注意力。仅仅总结你的论点或是艰难地概括数据的要点都不能做到这一点。一项有用的策略是用更大胆的措辞重新表达论文的基本目标。在结尾处，通常合适的做法是言简意赅地、直接清楚地表达你的目标（可能要使用人称代词和非常短的句子）。将它和更加正式的解释结合起来使用。这两种方式可以给你的论文同时提供一个令人信服和鼓舞人心的结尾。

你的结尾还应提醒读者你所用方式的局限性。"本文没有做到……""此文的焦点局限于……"这些句式表明你认识到了论证的特异性。结尾还可以拓展一下你的立场。可以通过提出推理性的论点或指明新的可能的研究领域来实现这一点。两种方法都需要认真对待。你必须明确心里想的是什么类型的研究，以及为什么它们会有用。不要把结尾想成一条死胡同，你应该把它想象成一间敞开着很多门的屋子。好的结尾承载了可能性以及争论永不停止的本质。

> 你的结尾需要重新点燃读者对你的论点以及更广泛的辩论的兴趣。

小结

有力的论证有清晰的目标和结构。你的论点需要通篇在经验和理论上都站得住脚。文章结尾应该重申你的论点，并表明其重要性。

实用小贴士

简化结构。一个清晰、简单的结构可以让你在保持全文连贯的同时，将复杂的思想注入文章中。复杂的结构只会让人困惑。简单的结构可以容纳复杂的思想。

如果你在准备口头陈述（参阅第 5 章），**保持简洁**并标明你的论证方向尤其重要。

练习

练习概括第一部分

草拟论文提纲，要多加练习，熟能生巧。针对一个你知之甚少的话题谋篇布局是最有效的做法之一（因为它可以让你专注于结构的问题，而不会被内容分散注意力）。接下来是五个论点。你的任务是运用第一步提到的模式将提纲草拟出来（阶段一和阶段二应该就够了）。

- "西班牙的文学传统"这个概念是个民粹主义的伪命题。
- 先进的农业技术无论在发展中国家还是发达国家都不是一种可持续的资源。
- 英国和法国的种族关系立法是基于对种族划分的现实和期望的不同认识。
- 超现实主义小说运用女人的性欲来代表原始自由的内容和实践。
- 现代物理学是启蒙主义运动的结果，而量子力学不是。

练习概括第二部分

这是一项更考验人的练习。你需要提出一个直观的论证模式，然而这一次需要处理的信息更多，你的模式也应该相应地更加复杂。你需要运用本章第一步提到的前三个阶段（可能会用到第四个阶段）的模式，以示对各种例子的公平处理。

你还可以利用下面这三段话来练习撰写一句话概述。记住，它们必须言简意赅。

> 人们通常认为，现代帝国主义加剧了全球大规模的地区差异……中世纪的殖民主义则不同。当征服并移居英国的诺曼人定居爱尔兰，日耳曼人定居波美拉尼亚，或当卡斯提尔人定居安达卢西亚时，他们并未忙于创造政区隶属的模式。他们当时的行为只是复制了类似于他们家乡已有的机构。他们建立的城镇、教堂和屋舍，仅仅复制了它们家乡的社会结构。这种殖民主义的最终结果，不是创造了附属国意义上的"殖民地"，而是造成了在拉丁基督教核心中类似于细胞繁殖状的文化和社会形式的扩散。新旧大陆紧密融合在一起。中世纪晚期的旅行者从马格德堡到柏林，再到弗里茨瓦夫，从布尔戈斯到托莱多，再到塞维利亚，都未曾意识到他们跨越了任何重大的社会和文化边界。
>
> **罗伯特·巴特莱特**
> 《欧洲的诞生：征服、殖民化和文化变革（950—1350年）》，1993

> 科学最大的敌人是伪科学。在科学时代，偏见和激情试图披上科学的外衣来推崇自己；当它们不能从真正的科学那里寻

得支持时，它们发明了伪科学来为自己辩护。我们都知道，魔鬼撒旦为了达到自己的目的引用《圣经》；现在我们发现，他甚至炮制了一部假《圣经》供他引用。

没有什么事比种族冲突问题更可悲了。名为"种族生物学"的庞大伪科学业已确立，来为政治野心、经济目标、社会怨恨和阶级偏见辩护。

赫胥黎和哈顿合著的
《我们欧洲人："种族"问题概览》，1935

复仇乃一种原始的公道，人之天性越是爱讨这种公道，法律就越是应该将其铲除。因为首先犯罪者只是触犯了法律，而对该罪犯以牙还牙则使法律失去了效用。不可否认，若一个人对其仇敌施加报复，那他与被报复者不过是半斤八两；而若是他不念旧恶，宽大为怀，那他就比对手高出一等，因高抬贵手乃贵人之举。所罗门曾言："宽恕他人之过失乃宽恕者之荣耀。"过去的已经过去，且一去不返，而聪明人总是努力着眼于现在和将来的事情，所以对过去耿耿于怀者无非是在捉弄自己罢了。

培根《随笔集》，1985

证据和论点

将证据融入你的论点很重要。思考这一问题的有效方式是注意媒体人士，尤其是新闻记者运用事实的方式。通过以下练习来考察这种关系。这种方式既简单又颇具启发性。

你需要先从报纸上选一篇文章或选一段电视节目（后者需要录下来）。试着摘出一段较短但却针对某个实质性问题的文字或录音（这会让该项练习更简单）。这项练习分为三个阶段。

1. 首先，你要记下作者提出的基本的整体论点，以便分析。要尽量言简意赅。
2. 接着，记下新闻来源中支持该论点的所有证据，无论这些证据多么不起眼。
3. 下一步，将这些信息排列成五栏：证明（即不需要更多的证据）、强烈支持（即提供强有力的支持但非论据）、支持不力和毫不相关。这样，就很少会有重复的证据了。然后，注意前四栏中的任意一栏与第五栏的证据。第五栏的标注为"重复"。

这项练习可以由一个人完成，也适用于小组练习（所有成员使用相同的新闻材料）。完成这项练习后，小组的每一个成员需要在第一栏、第二栏和第四栏（证明、强烈支持和毫不相关）中确认哪一项信息最为关键或最有启发性。这些条目稍后可以在小组内进行比较，并当作探讨论据和论点关系的基础。其他栏的证据对于补充这些讨论也有作用。

03

HOW to Argue

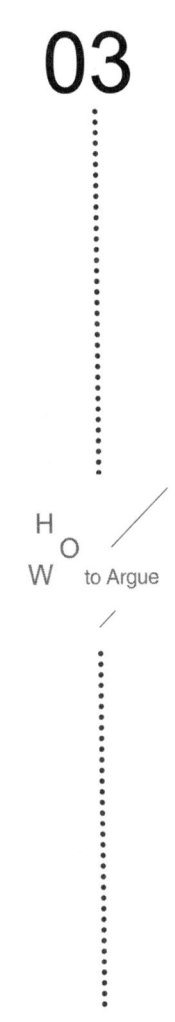

不同场景使用不同的辩论技巧

不同的任务需要不同的方法

本章将要解释论点在学位论文、短评、考试、小组活动、经费申请以及"宣传语"中的作用。正如我们将要看到的,论点的可信度在一定程度上是由它与特定情境契合得好坏决定的。在本章结尾,我们将简要概括在社会科学、人文和自然科学中论证风格的差异。

主题

- 阶段不同,辩论要求不同
- 任务不同,辩论方法不同
- 学科不同,辩论文化不同

关键词

期望　　　　　评估　　　　　调整你的论点

阶段不同，辩论要求不同

在不同阶段，对学生的期望通常是有差异的。我们不能期望大一新生能像毕业生那样写出创新的、深奥的和旁征博引的论文。你在学术阶梯上攀登得越高，论点就越被看重。等你读到博士学位时，你应该能够著书立说，并在书中提出原创的、有实质性的论点。对这些**期望**表示担心有用吗？如果你正在运用它们来激励自己完成一些宏大而严谨的工作，那么它们还是有用的。相比之下，如果你把它们当作借口——想象自己还是个大一新生，无须费神构思出任何论点——那么这些期望正在阻碍你前进。大一新生不会因为提出了有实质性的原创论点而被扣分。相反，我们虽然不做要求，但非常欢迎新生这么做。关键是，永远不能被不同阶段的期望限制住自己。

任务不同，辩论方法不同

支持可信的论点是学术生活的重要工作。那些不需要论点的评估要求最低，回报也最少。在大班时代，多项选择的考试和成摞成摞的笔记也许不可避免。但它们如同学术评估的"僵尸"，毫无创意和生命力。教育的本源是赋予学生追求思想的自由。对许多学生来说，他们整个课程的重头戏就是一篇主要由他们自己研究并修改而成的作业（通常称为学位论文）。正是在这篇冗长的论文中，学习如何论证才真正派上了用场。

学位论文

无处躲藏。学位论文会暴露你的很多问题。你得写 5000 字、10 000 字、20 000 字，甚至更多。中心问题（提出并待验证的）是你能否提出并确立一个可信的观点，并把好几千字融为一体。这并不容易，是一件苦差事。开篇混乱不堪，草稿被揉成一团扔进垃圾桶并几易其稿，这些事情屡见不鲜。如果这些情况发生了，是个好兆头：它是所有的作家和研究人员必须经历的过程。但是通过思考论点在学位论文中的作用，你可以让生活变得更加轻松。接下来，我就为大家提供一些建议。

你的核心内容是什么

学位论文通常有 1 到 2 个中心论点把全文贯穿起来。在开篇和正文中，大量的次要论点也会被列出。

告诉我们它为什么重要

在大多数情况下，在你的主要论点的前/后用一句话解释为什么这个话题或论点很重要（它们为什么重要，对谁而言重要是个不错的主意。

每一章或每一部分都要符合论点

每一章或每一部分都需要一个开头，用来阐述它与中心论点的关系。通常这意味着告诉读者该章或该部分是如何推动主要论点发展的。这并不意味着逐字重复学位论文开篇时提出的论点。学位论文应该看上去是用每个新的章节逐层**推进**的。

举个例子，你的主要论点是某个事物（我们称之为 X）是自相矛盾的。在第 3 章（我们把它的标题定为 Z 的作用）的开头，你写道："为了理解 X 的矛盾之处，我们需要审视它与 Z 的关系。"

一些章节比其他章节更加"突兀"。这在篇幅较长或研究生的学位论文中更是如此,因为各章节都有其独特的任务要处理(譬如单列一章介绍方法论)。然而,这些章节仍然需要在起始处提出论点(有时在整篇学位论文的起始处)。探讨方法论的章节需要一个论点来解释你所选择的方法。例如,"对X 的研究主要采用 Y 方法所主导。在本章中,我将介绍并解释为什么需要对 Y 方法进行修正"。

指明方向

指示语为你的学位论文和论证提供了一个看得见的结构。除了目录页和导言,还有五处可以使用指示语:

- 各章的标题和副标题可以用来帮助读者了解论证的脉络;
- 在各章开篇解释它们在总体论证中的作用,这样做很有用;
- 各章的结尾处总结主要观点,并提醒读者它们是如何呼应总论点的,这种做法很有裨益;
- 在每一章的结尾,可以用一两句话解释该章是如何过渡到下一章的;
- 整篇学位论文的结尾需要再次点题,依据学位论文中列出的证据重新措辞并重新构思(不是简单的重复)。

写作时不使用章节或标题

如果你不被允许或不想使用章节或其他副标题,你仍然需要提交一份条理清楚的、累积完成的作业。通过使用段落间隔来确立文章的结构，你可以运用上文提到的所有要点。指示语，例如"现在我将转到……"或者"在讨论 X 之前，我们需要审查 Y"有助于引导读者贯通全文。

需要避免的事项

整篇都是"阅读的证据"，没有论点

学生们通常被反复提醒：要提供阅读的证据。非常不幸的是，一些学生把它理解为他们应该在每页插入尽可能多的引文。最后的论文通常看起来像一长串杂乱无章的作者名字和概要。虽然对相关领域的"涉猎"做得很不错，但论点丢了。这个问题通常和所谓的"文献综述"一章联系在一起。事实上，"文献综述"一词很容易误导人。仅仅列出一大堆相关文章是描述类的练习。在"文献综述"一章，建议大家：

- 在每一章开始就提出你打算援引一些关键的参考书目，以此来表明该领域的文献是由某一部特定类型的著作或某个特定的论点主导的；
- 在论证过程中插入一些其他的支持性引文，可使用的句式有："相比之下，戴维斯告诉我们……"或"帕特尔在其……中也支持这一立场。"

点式列表

一般来说，如果要用的话，点式列表应该谨慎使用。出于澄清需要，有时在学位论文的开篇就使用点式列表提出论点也是可以的（但是要征求导师的意见）。

指示语过多

过多的副标题、论点的不断重复或用一两句话概括或强调下一章的内容，这些都是要避免的。不要总是依赖指示语，使用过多也会毁了一篇好的学位论文。

> ✓ 如果想要尝试在你的论点中加入创意，学位论文是一个特别好的载体。第 6 章有例子表明，通过哪些简单的方式可以做到这一点。

短评

如果作者只关注 1 或 2 个中心论点，那么篇幅更短的作业会是最合适的。与此同时，作者需要传递出他们对更广泛领域，以及相关的、具有启发性的争论的了解。最好让读者知道：你不仅了解相关问题的多样性，同时也清楚地认识到哪些问题需要优先考虑以及为什么要优先考虑。

通过考查一个固定的问题，我们能更好地理解论点在短评中的地位。这些问题在形式上非常"开放"。你可以用一长串事件和名字来正确回答它们（得分较低）。你也可以将它们与一个有针对性的论点联系起来（得分更高）。对于后者，你需要提供一份事先声明，以确定你对该领域的涉猎和了解，以及你有能力提出一个清晰的论点。

问：是什么导致了1905年的李子危机？

答：1905年的李子危机是由诸多相互关联的因素造成的，包括蛋奶沙司产量的下降以及邮购的兴起。然而，它的主要起因和背景是农业工会日益增强的政治权力。

这种陈述确立了你的论点和其他相关材料。它是全文自始至终应该保持的平衡。这一平衡的精确度量取决于问题。正如我们在下一节中将要看到的，有时你需要更加强调论点，有时要更加强调更大的背景。

考试题目

考试题目的关键词是"指令动词"，那个要求你"描述""分析"和"比较"的动词。这个动词的作用之一是让你知道论点在答案中的作用。考试中有三类问题：

- 那些不要求论证的问题；

- 那些要求论证的问题；
- 那些论证占主导的问题。

不要求论证的问题

有时，学生们仅仅被要求传递数据或是表明他们准确掌握了一定量的信息。这样的问题不需要用证据进行分析。具体例子包括：罗列清单、列举、总结、画出示意图。

要求论证的问题

相比对论证的技能的要求，这些问题同样强调或更加注重学生传递一系列准确信息的能力。结果，没有准备的学生错过了机会而选择立论。但好学生不会错过这个好机会。具体例子包括：下定义、描述、比较、对比。

- **下定义**：这是一个打动他人的好机会。毕竟定义一个事物的方式永远不止一种，且对于什么是最有用的定义总是仁者见仁，智者见智。如果可能的话，援引学术资源，表明最好的定义也存在争议。

  问：请定义一下水果拜物教。

  答：水果拜物教的传统定义强调餐后水果（例如豆类蔬菜，2006）。然而，近年来又经历了有籽"蔬菜"在人们心中的地位摇摆不定……

- **概括/描述**：仅仅传达一系列事实的答案也许能及格，但不可能得到高分。当你被要求整理信息（不仅仅是列清单），那么你需要论证一下优先次序，即区分主次。所有的概括和描述性问题都是如此。

    问：请概括一下 1968 年的大黄阴谋法案。

    答：大黄阴谋法案的主要特征是宣布行业内的工会活动非法。该法案的其他方面，例如那些适用于浆果类种植者的条款，已经依据之前的立法做了调整……

- **在多大程度上**：这个短语要求论证程度。换句话说，论证的是某一事物的范围、影响力和重要性。
- **以什么样的方式**：这要求一个论点介绍、整理并且可能要解释某一事物的多样性。
- **追踪**：这个论点应该与某一事物的发展有关；通常你会被要求描述某一事物的出现或在某段时间内的性质变化。
- **证明**：这个论点需要专注于表明或证明了什么。
- **比较**：这一论点应该与找出两个或多个事物之间的相似点或相同点以及差异有关。
- **对比**：它很像比较，但强调的是两个或多个事物之间的差异（也叫区分，重点完全放在差异上）。
- **关联**：在此你需要表明两个或多个事物之间的联系。
- **回顾**：这要求论点提供对某一事物的概述。

论证占主导的问题

当你被要求解释、讨论、考虑、评估或批判性地分析某一事物时，你就是被要求坚持某一论点。像这样的问题（给你提供了探索某一话题的无限空间）寻求的是论证占主导地位的答案。因此，这些问题在收集相关信息和论证的二者平衡间，总是向后者倾斜。

- **讨论**：许多考试题会要求你讨论一个话题。

    问：请讨论一下全球马苏里拉奶酪消费量的下降（你很想将所知道的一切有关该话题的信息都写上，但别这样做。你的论文需要 1 个或 2 个主要论点）。

    答：此文将论证马苏里拉奶酪消费量的降低可归结为两个主要因素——产品质量的下降和销售网络的衰落。

    当然你会接着讨论其他因素，但是清晰的论证会给自己一个获得体面分数的机会。

- **批判性地**：这一副词通常与"疑问类动词"连用（批判性地分析，批判性地评价等）。它不是要求你就某事说许多不好听的话，但它的确暗示你应该提出一个在某种程度上挑战既有智慧的论点。方法之一就是指出探讨这一主题的常规的和占主导地位的方式，然后再介绍另一种方式。

    问：请批判性地探讨一下切达干酪在英国的文化意义。

    答：切达干酪长期以来被社会历史学家视为英国国家地

位的一个主要符号。然而，格雷特尔在其新近著作中认为，在过去 20 年里，切达干酪已经开始预示着全球化以及国家身份概念的消失。

- **评价**：此处要求评价某一现象的不同方面或观点。它通常要考虑优点和缺点。但要小心，你的论证不应该被一种"以清单为基础"的方法所淹没。
- **分析**：分析是指考查并确认各个组成部分。提供分析的论点要求解释事物的构成和起因是什么。
- **辩护/捍卫/支持**：这些都要求论点显示立论者对某事的立场。这些观点只有与反面论点或反面证据交锋并成功反驳（使用最温和的语言）时，才是最可信的。

拯救迷失的论点

论点摆在那……它只是有些游离，让你有一种废话连篇的感觉。这是考试中经常出现的场景。开篇很好，论点也到位，可是有那么一两次，你意识到自己在毫无目标或方向地闲扯。考试没有回头路，除非删除前文（很费时，还很混乱）。但论证方式更灵活，它们可以承上（告诉我们之前的内容）启下（告诉我们接下来要探讨什么）。事实上，如果你只是偏离了正题（有误导性或不正确之处），那么偶尔的迷失也可能是件好事。它会让你停下来，将所有刚记下的材料都拉回到论点中,并澄清论文发展的方向。在这些时候,一个"拯救"的短语很有用,例如:虽然被戴维斯和帕特尔忽略,……问题(无论你刚才写下的是关于哪方面的内容)是……(陈述与主题的关系或你最初的观点)很重要的一个方面。在论文的剩余部分,我将回到(最初的论点或证据)。

> ✓ 有一两句能够和简洁的一句话论点联系在一起的主要引文(具名的权威),会赋予你的论文智慧的亮点。你的论点也会因为和其他论点并行提及(无论是支持还是批判)而得到夯实。

小组活动

小组活动难道没有乐趣吗?没有什么事情能像你和几乎不认识的人就一些你知之甚少的问题进行争吵一样令人尴尬……当你试图在活动进程中介绍论点时,就是这种感觉。小组活动经常在论点问题上陷入僵局,通常有以下两个原因。

- 每个小组成员负责不同的部分,稍后拼凑在一起时,没有充分注意将它们融合成一个连贯的、整体的论点。
- 最小公分母原则的介入。小组成员没有得出一个实质性论点,反倒是他们私底下觉得,提出一个平庸得不会遭人反对的想法容易得多。

第一个问题只要多加协调就很容易克服。然而，最初的分工是固定的，所以通常让小组的每一个成员都详细审查一下整个草稿是个好主意。所以，尽管可能有一个主要的协调人，但是将整个作业整合在一起并消除论点中的对立面，是每一个成员的责任。

第二个问题是由误解造成的。小组活动的目的不是为了让一群人找到共识。它不是交战各方之间的和平会议，而更像是一群演员在编排一个节目。最终的结果应该是一次有用的学术干预。小组成员要做的第一件事是头脑风暴，以得到一些有趣的、严谨的和有创意的想法。最有潜力的想法随后会被深入讨论，不管成员们个人有哪些信仰和偏见。在个人的作业中，你的信仰和你落笔的内容之间的这种权衡，通常没有必要，但在小组活动中它是必需的。

> 在最初的会议上，各组应该设定一个挑战，即提出一个实质性的、有趣的论点。该论点是任务成功的关键，因此最好尽早开始讨论。

经费申请

经费申请书作为一种论证形式，主要内容是表明拟举办的活动很有必要，时间紧，很受欢迎又让人兴奋，所以它需要经费。因此，申请书需要表明一个项目应该做，也能做到，而且申请经费的执笔人知道该怎么做。那些野心太大，方法、时间跨度和结果都很模糊的项目是不可能获得资金的。撰写经费申请书还需要注意潜在资助者的信念。你的申请书必须符合他们的期望和设想。

经费申请书需要使用正式的、官方的语言，并且要有清晰的结构。点式列表和图表可以显示明确的分工，经费的准确使用和每周的进度表给人的印象是经费使用得很合理。经费申请书需要交代背景，介绍目前相关领域内的知识或活动态势。这个总结需要修订，以便让评审专家看到拟申请项目的必要性。在交代完背景之后，通常要解答如下问题的项目概况："这是个什么项目？""谁将受益？""如何实施？"

宣传语

宣传语不应该和学术性的口头陈述（第 5 章中讨论）混淆。宣传语是为了试图说服观众接受你的看法（有时是名义上的）。说服所用的陈词滥调使得它看上去依赖的是即兴的想法和造作的微笑。然而，要是觉得这种风格比实质内容更重要，捕风捉影的概括比具体的信息更有说服力，那就错了。出色的宣传语需要事先筹划和研究，尤其是它通常会伴随着问题。起草宣传语时，可以用三个版本：一句话版本、三句话版本，以及更长的完整版。较短的版本可以放在宣传语的开头和结尾，并用于回答现场提问。然而，较短版本的主要受众是你，它们确保你有一个针对性强的、清晰的主要论点。

许多宣传语的结构分为以下三部分。

- **背景**：概括宣传语的需求（无论你在宣传什么）。
- **解决方案**：（无论你在宣传什么）你所宣传的可以概括为一个解决方案。
- **实用性**：（无论你在宣传什么）你所宣传的可以概括为一个可行的、实用的建议。

总之，要使用具体的例子、具体和及时的信息。在宣传语的结尾，你的受众不禁会想："为什么我们不早这样做呢？"

学科不同，辩论文化不同

论证的重要性超越了学科的界限。然而，未曾改变的是，不同学科领域发展出了不尽相同的"论证文化"。接下来，我们将提供一些简短的建议，但最好的建议是在你所在的特定领域内正确看待论证的地位。此外，如果你正在修一门由已出版学术著作的作者开设的课程（或者他未出版过著作而是推崇其他学者的著作），那就读一读他的著作。要想找到他们所认为的有力论点，没有其他更好的方式了。

学术界可分为社会科学、人文科学和自然科学三大领域。

社会科学

社会科学包含社会学、经济学、商业研究、教育学、政治学、心理学、人类地理学等。

顾名思义，社会科学受到了科学的学术探究模式的影响。在实践中，它意味着需要重点关注论点是否清楚和理性，论据的可靠性和来源。论点陈述清楚、论证结构明了，再加上条理清晰，这些都是值得到褒奖和赞赏的。在社会科学的一些领域，虽然有一股朝着重辩论、轻传统的方式转变的潮流，但占主导地位的传统仍然是根据文本的清晰度以及它对结构和目的的效用进行判断。

人文科学

人文科学包含语文、历史、哲学、现代语言、古典文学、美术等。

人文科学和社会科学都同样重视论证，且论证方法相同。然而，还是能找到一些不同的侧重点。人文科学的论点需要更加努力才能融入一种自信的、令人满意的（也有人说优雅的）形式。点式列表、一大堆副标题、无聊地重复"此文将论证"这样的句式，会让人文科学的读者觉得愚笨，充满了学术迂腐气。因此，叙述式论证更受人青睐。它以论点为中心，赋予了学生们更大的自由，让学生们拓宽了思路，争论不休（不跑题，围绕要点展开论证）。更科学的论证方式，即假设验证和定性分析，虽然在人文科学领域内并不陌生，但并未被普遍使用。

自然科学

学习纯自然科学（物理和化学）的学生较少使用本书介绍的许多论证形式。这些学科建立在理论和实验的基础上。它们直接研究的是大自然最基本的单位。最终采取的论证形式，是以尽可能简洁的方式演示一连串带有因果关系的事件。这一连串事件通常被理解为从假设验证得来或者运用了因果论证和对比论证。在应用科学（包括农业、工程类、信息技术和计算机、环境科学和生物学）领域，类似的论证范畴也存在，但它们有更大的空间进行论文式、叙述性的解释。

数学家们运用的是因果论证的一种抽象形式（数学可以理解为一门纯自然科学，其中大自然最基本的单位是逻辑）。它可能是唯一有理由声称论证提供了完整证据的学术领域

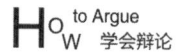

（参考术语表中的词条 QED）。

🔧 实用小贴士

论点需要举例证明。如果从一开始你就阐明你的论据是什么，那么论证就更有说服力。要做到这一点，最简单的方法就是"参照……"这个短语。例如，"参照 2001 年的人口数据，本文认为……"

若要避免让读者觉得你在跑题或是没有使用考试题中设定的术语，可以试着：（1）在你关键的一句话概要中使用标题中包含的术语；（2）在你的作业里尽早对标题（或考试题）中的 1~2 个关键术语下定义。

✏️ 练习

思考考试中的问题

这项练习旨在让学生们思考考试中问题的不同形式和预期。在思考之前，提醒自己：一个好的答案要有论点。当论点以我们认为自己了解的事物为基础时，这项练习效果更好。这也意味着在辅导课或研讨课上，过于宽泛的话题可能会被更专业的想法代替。在小组活动中，这项练习可由每一位参与者通过做记录、写段落的方式来实施。把它们大声读出来，再进行比较和讨论。

请从以下话题中选出一个：爱、怀旧、天才、民主、焦虑。

现在将下列的任意两个问题用在你选择的话题上：讨论它、描述它、定义它、证明它合理、批判性地分析它、评价它。

宣传语

宣传语在学术界不那么普遍，但它是一种让学生提出和捍卫论点、活跃氛围的方法。在这项练习中，你需要从下列词条中选择一个（这些词条也可以被更专业的想法代替）：世界政府、安乐死、强制性的宗教仪式、强制的无神论、素食主义。

参与者需要起草一个一句话版本，以及一个较长的或完整的版本（最短为3分钟）。这项练习完成后，参与者可以讨论哪一段宣传语最有说服力或最有震撼力。完整的宣传语需要包含三个部分：

- 背景：概括出宣传语的要求；
- 解决方案：宣传语被概括成一个解决方案；
- 实用性：宣传语被概括成一个可行的、实用的提议。

04

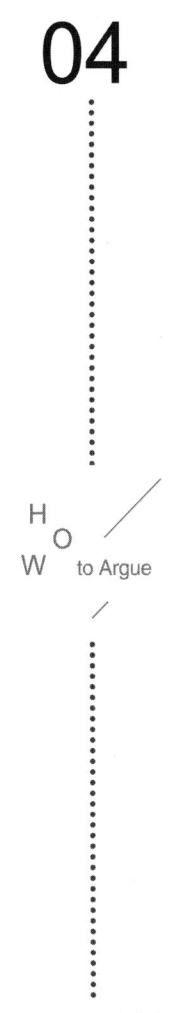

HOW to Argue

避免进入辩论误区

批判性参与的关键词

批判是好的论证的必要成分。本章将介绍七个主要术语,以帮助大家培养和展现自己的批判能力。

主题
- 建设性批评的艺术
- 批判论点的关键词

关键词

批判　　　　　建设性参与　　　　　批评

04 避免进入辩论误区

开篇我曾说过,有力的论证是为了增进知识而不是为了获胜。然而,这并不是说一次出色的论证不需要批评。事实远非如此。没有批评,辩论会止步不前。重要的是批评的本质和形式。如果批评在学术上是诚实和严谨的,有承认错误的心理准备,并反对自私的诡辩,那么它对学术争辩是有益的。正是本着这种精神,本章将介绍一些与批评有关的基本术语,并解释如何运用它们。

我在此介绍的批评形式是对第 1 章有关内容的补充。在上一章,我们提到了直截了当的反驳,例如"错误的"和"不对的",以及更加委婉的看法,例如"自相矛盾"和"不连贯"。本章所提到的概念更为委婉。它们的言外之意是,论点不一定完全错误,但是在某种具体和可确认的意义上来说,论点有局限性且不充分。

> ✓ 学生们通常觉得很难判定他们的批评应该有多严厉。一个常见的错误是扩大批评的规模和影响：采纳一个好主意，把它推向极端。这个错误会把建设性和有用的努力转变为恶意诽谤。务必要记住，学术争论不是为了破坏它们能接触到的一切。如果你想成为破败不堪的风景中强大的胜者，有许多其他竞技场可以满足你这个自大狂。在高等教育中，只有将批评加入辩论，建设而非破坏，批评才会有说服力。这句话还意味着，当你的批评有可能被误读为打击了过多的目标时，澄清你批评了什么和没有批评什么是必要的。简短几句"让步"的话语通常足以达成此目的。例如，"虽然斯瓦纳丹的中心论点已经被广泛接受，但她对……的解读仍然有问题"，或者"在这篇文章中，我不想批评研究所工作的应用或实践，仅仅是批评它的结构和组织"。

误区1：过分简单化

说一个事物过分简单化很容易，通常也很正确。难点在于如何证实这样一句指控。这可不像它有时看起来那么直截了当。因为"过分简单化"与"简化"不同。后者是一种必要的帮助理解的手段。我们需要简化事物，专注于某些方面而不是其他方面，目的是为我们的材料搭建形式和结构。为了理解，我们必须简化。当有以下三种情况时，问题也来了：

- 简化得过了头，重要的背景和信息没抓住；
- 人们不知道还存在着重要的复杂因素；
- 分析家们认为一种现象的最终起因或本质可以在某种特定的事物中找到，事实上这不可能。

当遇到受上述特征破坏的论点时，批评它们过分简单化是没有问题的。最后一个例子也可以称为还原论，是接下来要讨论的一个术语。

我们身边的许多文化和科学理念都可以用过度简化来形容。这种无处不在的现象意味着它不是一项可能让读者兴奋的指控。如果你声称当代的进化论学说过度简单化了，没有人会从凳子上摔下来。更有可能的反应是无聊地咕哝一声表示认可。以这种批评形式为基础的论证需要更加努力，才能确保得到积极的回复。更具体地说就是，它们必须直击要害，说清楚这一批评是否准确有效。当然，只有当这些论点能够解释这种过度简化行为的起因和结果时，它们才能真正焕发活力。是什么原因造成的呢？能持续吗？为什么是重要的？如果你想让这类批评在学术上有启发性且显得有趣，这些都是你需要提出的问题。它们还会防止你搬起石头砸自己的脚。

毕竟，将"过度简单化"当作一句笼统的指控，不仅世俗，而且十有八九也会落于过度简单化的窠臼。

误区 2：还原论和决定论

学术争论中的许多负面的词汇，实际上描述的是一些不可避免、不可或缺的事物。如上文所述，如果想理解一个人的材料，简化是基本的一步。声称在某一特定的事物中可以找到一系列复杂过程的起因，未必没有合理之处。只有当这种说法有误导性时，才可以被指控为过度简单化了。另外一个词也适用于这种独特的做法——还原论。

还原论是一种重要的批判工具，因为时下如此众多有影响力的理论，无论是学术的还是通俗的，都声称发现或追踪到了社会和自然过程的根本起因。例如，许多社会生物学家相信，社会行为可以从人类演化中找到解释。这个例子是高度发展的成熟理论，它公开声称找到并理解了事物的真正起因。因此，要想指责其犯了还原论的错误（更具体地说，有人也许会指控社会生物学犯了生物或基因还原论的错误），就必须有能力驳斥它的核心主张。它还要求我们能举出或推断出比他所考虑得更多样化的起因。言外之意，还原论不是一个用来随便使用的术语。它要求提出指控的一方认真思考。确切指出"还原论"在哪些方面存在误导和不完整，特别重要。

还原论还可以用来指控另一些人。他们尽管未提出任何可确认的还原主义理论，却错误地或过分简单地架构了他们的论证结构，暗示某一事物是其他许多事物的起因或根源。让我们试举一例。想象一下，你读到了一段关于意大利某些海港选址的历史意义的解释。除了说明除了这些港口靠近一个重要城市外，它没有提供任何严肃的分析。这很明显是一个过分简化的例子。但我们也可以说得比个这更确切些：这个论点将其材料简化归纳为某一个特定的原因。因此，我们可以说，它声称已经发现了影响海港选址的关键因素，但并没有明确的焦点，是知识面狭窄，想象力贫乏的表现。我们有必要再次强调：简化材料，甚至将其归纳为一个或多个核心因素，本身并不令人反感。当这一过程导致了有误导性的或错误的分析时，它才变得有问题。光凭这个原因，还原论就可以被用作批评性术语。

还原论和决定论通常互换使用，然而它们的意思并不相同。决定论者认为，任何事情的发生都是有条件的；在条件既定的情况下，不会发生其他任何事情。在这个意义上，决定论者似乎在暗示，一切事情都是预先注定的——发生的所

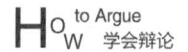

有事情都是**注定要发生的**。这种信念助长了循环论证。然而，对决定论的批评可能还有另外一个更普遍的目标。决定论通常等同于一个更大的错误，因为它通过粗略的和程式化的因果模式来呈现复杂过程。所以，这一术语已经开始代表对社会或自然变革的解释过于机械、僵化和粗略。

> 对于那些想要在批判的基础上立论的人来说，还原论是最有用的术语之一。这个理念很容易掌握，如果谨慎使用的话，它又能将清晰和复杂二者结合在一起。

误区3：偏见

持有偏见是指抱有一种具体的、先入为主的看法（或曰成见），赞成对事件的某种解释并且反对其他解释。指责某人有偏见，意味着你认为这种倾向是错误的或不公平的。它还意味着你认为他们应该不偏不倚或公开他们的偏见。这种批评越笼统，越不准确，就越没有用，就越没有说服力。事实上，在许多学术争论领域，笼统地指责别人有偏见是不合适的。例如，批评保守主义或无政府主义之类的政治哲学有偏见，意味着什么？特定政治方案的支持者一直忠于某些信念和传统。在这种背景下，说存在一种无偏见的、客观的、价值中立的"科学的"政治学，这种想法令人生疑。

总的来说，应该好好提醒那些参与解读社会和历史记录的学生们，不要一概而论地指责他人有偏见。只有当带偏见的想法转化为一句更加具体的批评，或当它被运用到一个被普遍认为不存在偏见作法的领域时，它才变得有用。前者的例子包括声称某部作品以欧洲为中心（换句话说，它呈现的是一种狭隘的、以欧洲为基础的视角）或以男人为中心（换句话说，它呈现的是一种狭隘的、以男性为基础的视角）。这些术语反映了一种能力，可以确认某一种具体的偏见，表明它是如何在材料范围内影响判断的。尽管这些具体的批评意味着可能有更公允、更开明的视角，但它们并不有失客观。

如果在你工作的领域内，做到不偏不倚和价值中立，是占主导地位的方法论传统中不可或缺的一部分，那么就能可以直截了当地运用偏见指控了。这一点在自然科学领域尤为明显。例如，从20世纪的第二个10年开始，整个种族科学领域受到了科学家和人类学家系统地质疑。他们认为，种族学出于偏见，引用了不恰当且前后矛盾的数据来支持种族差异的假说。人们普遍认为，种族科学是一门糟糕的科学。在自然科学领域，以及在那些声称符合科学标准的社会科学和

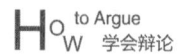

历史学领域，对偏见的指控发人深省。

> 困难不在于对偏见进行指控，而是要表明并解释偏见的特定表现为什么会产生特定的、可见的影响。偏见的起因和本质很有趣，当然也包括它的作用机制和影响。笼统的谴责只会掩盖这些特异性。

误区4：循环论证

人格化的上帝的存在是被《圣经》证实了的；当然《圣经》的权威必须被接受，因为它是受上帝启迪的。

曼德尔，1936

这个论点有问题，它是一个循环逻辑的例子。第一个主张被证实，是因为参照了第二个主张，而第二个主张又取决于第一个主张被人接受了。这种循环声明弱化了论点。识别并解释循环论证，可以为学生在辩论上提供有见地和重要的介入。不幸的是，大多数的循环论证形式不会像上述例子这样明显。它们常常被大量事实和次要信息所掩盖。这就意味着，识别循环论证通常需要有将"循环点"和其他信息分开的能力。

要在一个论点中找到循环论证，确定具体的位置和条件通常很有用。通过分析接下来的例子，这一点就很容易理解。

> 如果索卡尔保留她在《科学的新主宰》一书中提出的技术定义（即"文明的本质"），那么她后续的观点，即技术创新对文明的推动作用最大，就变成循环论证了。

明确循环论证在什么条件下可以被识别，并明确限制其论证的范围和目的，这段话的作者就提供了有建设性的介入方案。除非一个人觉得特别有信心，否则最好避免对循环论证做出笼统的指控（例如，暗示某部著作的每一个方面都是循环论证）。这个建议反映了一个事实，即当你开始分析时，循环论证很快就会变得到处都是。这应该不妨碍你批评那些有循环论证问题的著作。但是它凸显了一点：一个人对循环论证的识别越具体、越准确，他的批评就越深刻，也越有帮助。

误区 5：目的论

目的论通常被称为"设计论证"。它是以某种主张（号称解码了某项终极计划或结构）为基础的一种解释形式。在神学意义上，这个概念最容易掌握。在一神论的宗教里，目的论指的是物质世界的每一个层面都可以参照上帝的计划得到解释：在上帝的预见下，一切事物，从海马尾巴的形状到黑死病，都有其目的和功能。

目的论要求充分相信人有能力准确判别这种终极设计或设计者的本质。虽然这种说法看上去很夸张，但由于它没有被限制在某一神学上的死水中，目的论也就成了自然科学和社会科学里一股强有力的潮流。事实上，在19世纪，博物学目的论和神学目的论有时很难区分。举个例子，莫瑞（Maury，1874）在其《海洋的自然地理》（*The Physical Geography of the Sea*）一书中，对海洋的功能有如下描述：

> 因此，我们可以推断，大海有它的职位和职责，有它的洋流和居住者；所以任何决定要研究这些现象的人，不能再视之为水的浪费。他必须把它看作维护自然和谐的精密机械的一部分，然后他才会开始感受次序的发展和设计的证据，这一切使得大海成了一个很美妙和有趣的思考主题。

虽然目的论在许多科学领域已经失势，但它仍在一个领域继续提供重要的范式，那就是解释动物和人类的行为。当我们按照行为在物种竞争和进化过程中的作用，或说得更简单些，按照行为在实现个人生存目标中的作用来对其进行解释时，我们是按照目的决定手段的逻辑来解释的。这意味着，大多数当代的进化生物学和社会生物学都是从目的论出发的，它提供的是"设计论证"的一个现代版本。

从以上对目的论的描述中，很明显可以看出，它不一定等同于论证的一种不当形式。它被普遍看作有神论不可或缺的成分。它在某些自然行为理论中的作用有很大问题，但看上去又难以改变。对大多数学生而言，探讨目的论不是为了接受它在这些领域内的既定作用，而是为了在不太盛行以目的为解释手段的领域内，识别目的论误导和误传信息的威力。在这些背景下，"从目的论出发"成了一个有价值的批评用语，一个能够揭穿人们没能清楚思考因果关系的用语。这个批评的焦点应该是每一个犯了目的论错误的作者都应关注的。

我们来举一个人类学的例子。举例之前，有必要指出的是，在社会科学领域，目的论分析通常被当作功能主义来讨论。在人类学和社会学中，对于解释社会过程和事实（参照它们的功能，以及它们对更大的体系或结构的"适应性"）的必要性或必然性尚有争论。在此，我们感兴趣的是这种处理方式对论点中的相关逻辑、神学和经验主义内容的影响，以及目的论和功能主义是如何将我们带入歧途并确立错误的研究方向的，而非这种处理方式的不足。

再回到我们的例子。试想一下，你需要批判一种家庭关系模式。这种关系模式主张，它们的终极功能（设计的目标）

就是要确保男性的主导地位。这样，这种模式也许包括了很重要的主题线索；当然，它也可能确实是其领域内的一个重大进步。然而，它包含了一种内在的目的论或功能主义的解释倾向（它也许攻击你过度简化，说你是还原论者和决定论者）。的确，你可以从来自世界各地的人类学资料中另辟蹊径，根据它们对这一模式的"适应性"，以及它们在自身设定的目标中所起的作用，来解释所有的家庭关系。但这样做能证明什么呢？在批评这类方式的过程中，目的论和功能主义的术语也许可以用来突出男性主导地位被假定是神赐的方式，它是一种支配和决定一切的力量，但其自身却不受这种力量的约束。这种笼统的出发点应该会导致更具体的批评。例如，有人也许会指出，某种家庭联系强化了女性而不是男性的权力。有人还想将注意力都转移到影响和塑造家庭关系的社会关系上。任何一种批评都表明，目的论的男性至上理论会导致扭曲的和有局限性的分析。

> ✓ 使用"功能主义"这一术语时要小心。它通常被当作一个批判的术语使用，但也可以被当作一个描述性标签，用来指代依照结构解释事件和过程的理论形式。为了避免混淆，你应该明确这一术语的定义。

误区6：人身攻击

人身攻击对应的拉丁文是 Ad hominem，意指"诉诸人身"。它最常见的用法是，作为一个批评用语，它指的是通过攻击支持某一观点的人的个人品质来反驳论点。要想了解它到底错在哪里，可以想象如下的例子。你遇到了一个著名的骗子，他想要证明 2+2=4。你能依据他的不良行为反驳他这个算式吗？当然不能。后者的不良行为丝毫不会影响他所持立场的逻辑性和真实性。任何这样的努力都是人身攻击。

在某种程度上，学术评论因其对事不对人的正式性，能有幸摆脱这种粗鲁的人身攻击言论。然而，人身攻击在其他领域屡见不鲜。事实上，它在媒体上和政治辩论中并不少见。

人身攻击的方法有很多伪装形式。最粗鲁的比较容易判别并受到质疑。然而，它有一些更隐晦的形式，就不那么容易受到谴责了。其中两种最重要的伪装形式是：

- 确认一个人可能没有想到且可能无法接受的可能性，以此来测试一个人对某一立场的承诺（比照反证法和苏格拉底问答法，参见术语表）。
- 与确认矛盾有关的论点。这些矛盾存在于某人声明的立场中，或在他们声明的立场和他们的行动之间（在政治术语中,此处的对象是虚伪)。

就第二种伪装形式而言,很明显,如果骗子原来的论点不是"2+2=4",而是"愚弄他人是错误的",他就容易被指控为虚伪。之前所举两个潜在可证明人身攻击合理的例子中的第一个例子,可以通过直接验证论点是否充分而发挥作用。例如,为了寻找新的例子,有人想要看看骗子是否真的认为欺骗他人永远是错的(即使不骗人会让他丧命)。对他而言,任何让步都意味着他需要调整立场。两个例子都很有启发性,并提供了人身攻击论证合理和有用的表达方式。然而,它们经常被误用。语义上的欺骗,尤其是在口头辩论中,经常让人们在更加理性和不受干扰的情况下原本不会同意的立场上做出让步。这类做法让人不齿,其结果就是对各种形式的人身攻击论证性表示怀疑。这也许意味着人身攻击最好仅仅作为一个批评的术语来使用。学生们应该放弃将其作为一种有益的论证形式——这是注定要失败的努力。然而,上述提到的两种形式足以表明,这可能是一种过度反应。总之,人身攻击既可能是一个批评的术语,又可能是一种合理的论证形式。

只做有效的论证

我想用本章开始时提出的一些忠告来做小结。本章介绍的所有术语都可以被视为批评的"武器"。这的确是它们在法庭、媒体和政治辩论中通常被描绘成的样子。然而，这些挑衅性的隐喻有它们自身的破坏性逻辑。毕竟，一旦把敌人赶跑了，接下来怎么办？你还期待什么，当你站在落败的对手尸体上跳舞的那一天？在所有一切都灰飞烟灭，唯有你的自我存在的那一天？军事征服式的语言反映的是唯胜利论的议程。要避免这种愚蠢做法，最好的方式是确保你的批评是更广泛论证的一部分，它们可能融入其中并传达你的目标和理想。引导你的是后者，而不是为了批评而批评的愿望。

另外一个忠告也可以在此提及，它涉及的是学术界如何应对自己或他人受到的批评。学术界总是有些自鸣得意。他们认为自己是公允的。然而，若是假定他们的判断总是由逻辑和清楚的表达决定的，不免会有些荒唐。很多时候，社会偏见会介入，并且也的确介入了。基于政治导向、宗教派别、性别、种族和阶级等方面假设的歧视态度会影响论点被接受的方式。这些态度不会作为直接的敌意表现出来，通常更有可能的是放低姿态"表示同意"并迅速行动。然而，无论发生了什么，如果没有得到公平的"倾听"，他的信心就会被消磨掉。虽然本书没有触及这个重要的话题，但我仍然认为，了解有效论证的规则为学生们提供了必要的资源，让他们能够不被定型或被吓倒。高等教育对公平和建设性论证的追求，实际上昭示着这些偏见能被辨别和涤清。我知道大学和学院也存在缺陷。我知道学术界并不全都喜欢我们相信他们是理性的个体。即便如此，高等教育仍然秉承着对合理论证的形式、本质以及批评的合理使用的一系列承诺。说得更具体些，人们仍然憧憬着让论证成为一种学习体验，它不仅让相关人受益，也会让更多的人受益。

实用小贴士

在很大程度上或完全以批评他人的观点为基础完成作业是一种惯用的做法。既然它在很大程度上是一种消极的做法，那用在更短、限制更多的作业（如短评和考试题目）上，要比用在更长的作业（如学位论文）上更加合适。

提出一个关于某人的观点，而此人也在论证他人的观点……如此循环往复，真是令人眼花缭乱。学术上这种"击鼓传花"的游戏，很容易让人失去信心和焦点。此时，你必须冷酷无情，而且要在中心思想允许的情况下尽早打破疲软的论证链条。在实践中，这往往意味着要么删除所有次要的或仅仅起补充作用的引文（如同其不存在），要么把这些引文放在更短的脚注中。

练习

给一篇评论文章加注

这是一个简短的练习（30分钟），目的是让学生们谈论和思考"批评"这一行为。它要求从最近的一份报纸或杂志上摘下一篇关于热门话题的评论文章。学生们需要单独或两人、三人一组阅读这篇文章，并加上批注。这是一个快速练习，重点在于在文本周围写下尽可能多的文字。如果这个练习交由小组成员完成，那么这些批注就可以用来进行比较，并把提出的批评意见依据其重要性按照高到低的次序进行排列。

倾听和列清单

接下来的练习有助于使用并体会本章讨论的学术工具。它所需要的就是抽出一个小时看电视、听广播或上网，并准备一张纸。在纸的右半边，你可以将本章讨论过的主要概念（循环论证、过分简单化、还原论、决定论、偏见、目的论和人身攻击）排成一列。写完后，你需要从电视或广播里收听并录下一段20分钟的讨论节目，或从互联网上下载一个节目

（如果你使用 DVD 录像机，请记住，这项练习不是用来看的，而是用来听的）。它不一定是一个特别严肃或与新闻有关的节目，但它需要以人们的谈话为主要内容（人越少越好；你要区分的声音越多，这项练习就会变得越棘手）。

一边听，一边在适当的位置记下你刚才写下的主要概念出现的次数。这些笔记要简明扼要。例如，"某某人说苹果很好吃，是因为它们味道浓厚"，这句话可归入循环论证一列。你会发现一些范畴比其他范畴更容易填满。完成 20 分钟倾听和记录的练习后，你应该花 10 分钟思考一下你刚才听到的讨论。问问自己这个论证的总纲是什么？做出了哪些假设？这些较宽泛和深刻的主题通常在第一次很难"听到"。如果在冥想的 10 分钟内，你一无所获，也不用担心。

现在播放你的录音，或在网上重新播放节目。这次你应该做两件事：

- 核实你的笔记是否记录在适当的位置；
- 尝试在清单上找到与主要概念（尤其是那些你没有发现任何例证的概念）相关的新例子。

信不信由你，这项练习很有趣。两个人配对或组建小组活动，能把它变成一项愉快的室内游戏。也可引入竞争的元素，看看谁能找到最多的例子，或者说，谁能找到符合最多范畴的一个例子。这项练习还有趣地表明了，人们在电视和广播里说的很多话并没有什么意义。

批判自己的著作

一报还一报。如果你准备批评别人，那么你也应该准备好看到自己的著作遭到类似的审查。这项练习也许看起来很麻烦，但的确能带来回报。事实上，它会让你从一个全新的视角看待自己的著作。在这项练习中，你需要自己最近的作品以及一支红笔。这项练习的目的是弄清楚你的著作最容易受到哪些形式的批评。我建议你从识别较简单的批评（过度简化和还原论）开始，然后再转向偏见、人身攻击、决定论、目的论和循环论证。将你觉得最容易被抨击的段落，用红线画出来。

如果这项练习完成得好，你的作品里最终会有很多红色，尤其是在那些解释论点的页面上。这一部分完成后，你可以接着进行第二部分练习：评估这些批评的危害程度。另外，再拿一张纸，以笔记的形式，写出下列三个问题的答案：

- 我（过度简化等）让我的中心论点失去逻辑了吗？
- 我（过度简化等）让我的论点有误导性或者根本就不对吗？

- 我能采取哪些实际步骤来纠正过度简化？

这项练习结束时，你应该能更准确地评估自己的作品在哪些方面特别容易遭到批判，在哪些方面更为严谨和连贯了。

05

HOW to Argue

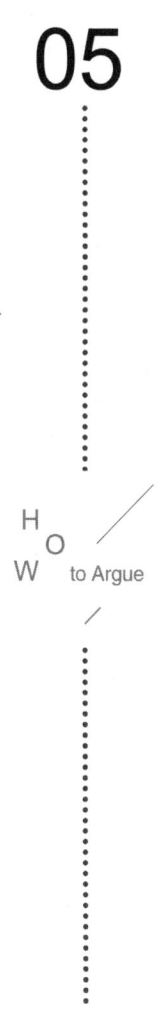

消除紧张，口头辩论没那么难

如何挺身而出，发表一场令人信服的论证

向现场观众展现一场论证需要新的技能。本章将引导你完成必要的准备工作，并介绍最适合口头陈述的结构。我们还将回顾人们在面对口头陈述的任务时经常担心的一些问题。

主题

- 准备和组织口头陈述
- 克服紧张心理的小贴士
- 考虑可能的挑衅性问题
- 团队辩论时，每个人都要清楚中心观点

关键词

观众　　　情感　　　程序　　　问题

我听过的许多最糟糕的演讲是由那些在公开场合毫不怯场的人发表的。他们站起身来,自信地微笑着,说出一大堆废话。这些人将从本章获益。但是他们当中没有人会读到此书,毕竟他们没有受到过任何怀疑。事实上,我心里的读者另有其人。他们的态度更接近人们被要求在公开场合演讲时最常见的反应——恐惧。

我承认还有另外一个原因,可以解释为什么我对胆小的人面临的问题比对胆大的人面临的问题更加敏感。因为我过去一想到要在公众面前开口说话,就会感到很害怕。而且如果我声称自己已经成长为一名声名显赫的演说家了,那我就是在撒谎。面对一大群人演讲,我仍然会觉得很紧张。但重要的是,我现在能应对这些情况了,它不再吓得我浑身发抖或瘫倒在地。这对我来说已经足够了;对大多数学生来说,也已经足够了。对我来说,这种转变是做到两件事情的结

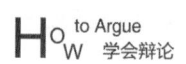

果——实践，以及对个人材料的控制感。读者进行口头陈述的频率不是本章重点探讨的问题。然而，我可以帮助大家掌控好自己的材料。

觉得局面"超出了你的能力"，感到软弱和无助，是口头陈述时焦虑产生的最重要的起因。通过确保你的论证准备充分，结构合理，并且有图像资料支持，这种情绪就能被克服，而且能让你重拾信心。本章将解释如何做到这一点。它会指导你如何掌控你的陈述，如何确保你的观众不仅能理解你的论点，而且还能判断它是否清晰和连贯。

口头陈述的准备和结构

学生的陈述不需要让观众笑得前仰后合或者体验到生活发生变故时的情绪。戏剧化的表演可以留给演员和能读懂媒体的政客。你现在努力要做的是一些更加平凡的事情，同时也是更坦诚的事情：提供一个经过推理的、中肯的和有洞察力的论点。

出色的口头陈述和书面论证的主要差异在于前者更简单。在内容、结构和演示技巧上都是如此。同样的原因也适用于解释听和读之间的差异。阅读时，我们可以按照自己的节奏来进行；我们可以回到第一次觉得很难掌握的地方，我们可以花时间思考。整个过程可能需要几个小时，几天，甚至几年。人们可不会在观众席上坐那么久。他们也不会突然顿悟。大多数演讲结束时，不少观众都忘记了开头所说的话。事实上，他们中的一些人很难记住演讲者的名字或主题。复杂的、适合书面著作水准的演讲，很难被读者理解。他们需要更多的重复、更加的简化、更多的帮助才能理解。

口头陈述的准备不应仓促。如果你至少几天前就开始准备，你的信心和对材料的掌控感将会大大提高。因为简单和清晰是口头陈述成功的关键，所以你的准备应该侧重于消除混乱和歧义。下面的模型将指导大家如何在两天的期限内准备得更有效。

第一天

拟定论点

用一句话把它写下来。对口头陈述来说，你必须让论点尽可能简明扼要。理想的话，它应该仅用一两个句子表述出来。口头论证青睐的是简短有力的陈述。尽管书面作业中有大量机会使用许多临时限定词和暗示语，指出某些情况是暂时的，但在口头陈述中，这种做法很容易使观众感到困惑和

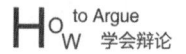

乏味。一定程度的挑衅，乃至适度的夸张，却往往能够让观众坐在那里听你演讲。

确定结构

一次大约 15 分钟的演讲，可能需要三个或四个主要部分。较短的演讲可以分为两部分。任何超过 20 分钟的演讲最多分五个部分，这就是界限。超过这个界限，你的演讲就会变得很乱。

把你的材料简化为笔记

这对 PowerPoint 用户很有必要，对每个人都有必要。从每一部分中摘出关键点并打印出来。总结整个部分的关键句或要点，应该完整地写下来（这些在演讲时需要强调，所以要找到一种方式突出它们）。不要害怕重复要点。在演讲进行到一半和结束时，重复一开始提出的基本观点，这种做法特别有用。

演讲的开篇应具备与所有好文章开篇相同的元素。陈述你的中心论点和演讲结构都是必不可少的。同样，在结尾时，你需要呼应这些要点并做总结（例如，"我在这次演讲中所展示的……""这证实了我最初的观点……"）。

为了避免混乱，绝不允许演讲中出现多余的例子和多次跑题。在口头陈述和书面作业中，表明你理解这种复杂性的方式是不同的。对于前者而言，除了最重要的事实和理论，其他一切都必须被排除或边缘化。这些细枝末节不应该出现在你的图像材料中，但可以在旁白中提及。"我们知道吉尔罗伊已经解释过了……"或者"我注意到卢梭提出了不同的视角……"这类在书面作业中显得太随意的句式，在口头陈述中是可以接受的。对于事实的处理，也必须采取类似的做法。要避免任何形式的堆砌。不要尝试在一篇文章中塞进尽可能多的事实材料，仅仅保留最具代表性和最具启发性的事实即可。

不借助 PowerPoint 进行陈述

好的口头陈述依靠的是清晰的写作思路。你的笔记必须一眼就能读懂。如果你的书写很潦草，你应该用大写字母或把你的笔记打印出来。使用彩色荧光笔有助于吸引注意力，让你注意到关键的短语和段落。你也许会发现将材料写在卡片上很方便，特别是当你要在没有幻灯片的帮助下进行陈述时。然而，你并不想要一大堆纸，几张 A4 纸要比 50 张小卡片（卡片丢了怎么办）更明智。把你要处理的纸张数量降到最少，一定要给它们标上清晰的页码。

借助 PowerPoint 进行陈述

PowerPoint 不仅是向观众展示幻灯片的一种方式，也可以用来显示注释给自己看。虽然这一选择对一些人来说很有效，但它也会加剧 PowerPoint 恐惧症。这种弊病很不幸，它会导致陈述人落得个对着蓝屏逐字照读的下场。尽量不要躲在 PowerPoint 后面。看着有人一页一页地读着幻灯片，是一件让人疲惫和有点奇怪的事（观众也可以阅读）。PowerPoint 应该作为辅助工具来使用，仅此而已。

> ✓ PowerPoint 演示中的关键幻灯片是带论点的那一张。这应该在你开始陈述的时候，用清晰的大写字体写成一句话。标上"论点""主题"或类似的字样会更有帮助。你也希望在演讲结束时回到这张幻灯片上来。

备好视觉辅助工具

无论是 PowerPoint 幻灯片，投影仪上的透明画面，还是黑板上的粉笔，视觉辅助工具通常比文字信息产生的冲击更大。观众会把你放在屏幕上的任何东西解读为你论证的关键部分。用不相关的图片分散他们的注意力不是一个好主意。

对于大多数用时 15 分钟的演讲（特别是那些不以分析图

片资料为基础的），我建议你使用3~8张以文本为基础的图片，以及一两幅图。这些基于文本的辅助工具并不是你的演讲稿。如果上面有超过30个单词，你都有失去观众和中断演讲的风险。选择一种更大的字号和更清晰的字体。记住，你将要读出大多数或全部以文本为基础的图片信息。你的观众既要看到，也要听到这些信息。这些信息要经得起推敲。基于文本的视觉辅助工具通常包括以下内容：

- 演讲的标题；
- 演讲的结构（即各个不同部分的标题）；
- 阐述论点的一句话；
- 与各部分相关的陈述；
- 结语（这也许只涉及再一次使用标题、结构和论点）。

大声朗读你的演讲

当你这样做时，假装你正在使用视觉辅助工具。表达清楚、从容不迫。计时。反复暂停，把重点放在关键词和短语上。记住，使用和参照视觉辅助工具是需要时间的。如果你演讲用的时间比规定的时间稍微多一点或少一点，你可以对现有的注释稍加解释（删去或增加一两句评论）。如果你用时大大超过规定的时间，你可能得删除或缩减某个部分。这些都是相对容易的工作。如果你的演讲大大少于规定的时间，

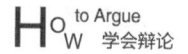

那么你的问题就大了。你需要重新思考自己的演讲是如何处理的,并且很可能要改变你的中心论点以适应演讲的深度(例如,用另一个例子或纳入一个不同的视角)。

第二天

练习演讲

理想情况下,这应该同一个能充当观众的朋友来共同完成。在这一阶段,你应该练习看着你的观众,并使用视觉辅助工具作提示。不要忘记短暂的停顿,并强调特定的关键段落。认真对待这样的练习,不要省略这一步。事先经历了整个过程后,你会有更强的控制感、归属感和信心。整个过程进行2~3遍就足够了。

准备答疑

如果演讲结束后有问答环节,那么你应该事先以那些最有可能被问到的问题为基础做一些笔记。标准的做法是为你能想到的最明显和最难的问题做好准备。你更有可能遇到前者。这些问题通常包括:"你为什么选择做这个项目?"和"你能告诉我们更多吗(关于演讲的某个方面)?"思考他人可能会问你的最难的问题也有帮助,很大程度上是因为它会让你觉得自己对任何事情都有所准备。通常最棘手的问题也最短，例如，"这重要吗？"或"你所说的内容有什么新意吗？"重要的是，回答这些问题时，不要将这些问题视为一种挑衅（即使确实是）。它们需要明确、积极的答案，因为事先考虑过，所以答案会更加有说服力。

> 人们不期望你的答案有多完美。回答问题要直接，和观众保持眼神交流。要有热情和开放的态度。翻阅你的笔记，试着找出两天前写下的完美答案会中断你的陈述，并让你看起来并未掌握你的材料。最好把笔记放在一边。它们的作用已经完成了。认真倾听观众的提问，你会发现回答问题一点都不可怕。

准备好，才能掌控局面

如果你已经遵循了上述步骤，那么在你演讲的当天，你就会有一套清晰的笔记，一套清晰的视觉辅助工具，以及一些准备好的现成的答案。更重要的是，你有信心了。你已完成了 90% 的工作，完全有理由去控制局面，甚至去享受它。当你开始演讲时，要提醒自己一些事情。

- **语调轻缓**，把重点放在关键的短语和单词上。口头报告的语速需要比日常交谈稍微慢一点。不要和朋友开玩笑,也不要自嘲——它们会分散你的注意力,并被考官视为紧张的表现。

- **尽早陈述你的中心论点和演讲的结构**。记住一个能简洁概括你的主要观点的句子,通常是个好主意。经过多次陈述,你就无须参照笔记了。

- 当陈述到关键部分时,**你需要特别注意和观众的交流**。直视他们,让自己的演讲听起来是发自内心的。你的肢体语言也会帮助你。使用手势强调要点,甚至可以稍微移动几步,来帮助你抓住观众的注意力。

- **基于文本的图片资料可以向观众朗读**。较长的段落应该缩写。记住,要强调那些特别重要的单词和短语。不要站在你的视觉材料面前,也不要背对着观众。除非你能同时看到你的视觉辅助工具和观众,否则你就需要在两者之间转换眼神交流。

- 有时候你需要**活跃一下演讲的气氛**,如果你觉得观众并没有真正在听。当你的演讲即将结束且还有其他演讲者等着继续下去的时候,这种情况很有可能发生。这时你需要向观众传达你最初的论点的紧迫性和重要性来点燃观众的兴趣。用精辟的语言概括,并表明你的演讲已经到了总结陈词阶段。你可以试着提高音量,做出大胆的手势或使用轻松一些的语言。

- 如果你发现自己有**超时**的危险,最简单的事就是按计划继续进行。在结束的前几分钟，直接跳到最后的结论部分，这将避免你大幅度地重新组织演讲的结构。如果你用时少于规定时间，那就放松下来，说慢一点，并且在你觉得有信心的内容上稍加扩展。

- 演讲结束时感谢观众。
- **直到你回答了观众提出的最后一个问题，你的演讲才算结束。**抵制诱惑，不要提供过于简短或玩笑式的答案。如果不严肃对待观众提问，你就会让自己所有的出色表现付诸东流。"这是个有趣的问题……"或"这是个好问题……"也许更合适。它们奉承了你的观众，并给他们留下了你在倾听的印象。试着把复杂的、长一点的问题拉回到你的材料中。如果你听不懂问题，直接说出来。如果你觉得自己抓住了问题的要点，但是其他内容没听懂，你希望用自己的话来转述问题，可以说"从你的问题中，我得到的要点是……"或"你问的是……"在提问时，重复自己的中心论点通常很有用。

克服紧张心理的小贴士

紧张不是什么大问题。它并不意味着出了什么大错。事实上，这正是那些过于自信的人需要注意的。你想要的不是不紧张，而是如何控制它们。这就需要消除让你挣扎和恐惧的焦虑情绪。当然，关键就在于确保不出任何差错。如果你遵照上述步骤，实际上你已经做到了这一点。然而，使用笔记提示的棘手问题仍然存在。教授和讲师们总是鼓励这么做，但现实是，许多学生觉得这并不容易。如果很容易，你就不会看到教授们在学术会议上逐字逐句读出他们的整个演讲稿了。这一普遍事实意味着，在它们的同行面前，学者们通常和学生们一样紧张。

对于那些由于担心完全依赖笔记而怯场的人来说，有四个选择。以下三种方法虽然有效，但我并不推荐：

- 照着论文读（这样做的话，你会被扣分）；
- 大段地背诵论文，并且在演讲时把它放在你面前作为备份（可以这么做，但却十分费力）；
- 使用提示性笔记，但要加以批注，以确保你能参考演讲中完整陈述的、容易找到的段落（理论上听起来很不错，但在实践中很复杂）。

我推荐的方法包括混合使用提示词和朗读。说得更具体些，演讲中的一些简短"难懂的信息点"应该写出来，并大声读出来，其余部分则交给笔记。如果你做得好，并且在朗读时可以经常看看观众，这与单独使用提示词一样不易被察觉。

紧张的学生能做的另一件事就是更多地借助于视觉辅助工具。过多花哨的图片会把焦点从演讲人身上转移。这种更加复杂的、以计算机为基础的陈述，对于那些有自贬倾向的人来说是个意外之喜。焦虑的演讲者还应准备一份让人印象深刻的讲义。这将保证你的观众不管以何种方式都能听懂你的演讲。

考虑可能的挑衅性问题

别慌！它不会发生。学生的陈述不大可能招致挑衅性的问题。但为了以防万一，值得花时间考虑。原因有两点：一是为了确保自己真的做好了准备；二是因为我在本书开篇时所控诉的角斗士式的辩论文化不能被忽略。如果你站出来反对，你就需要表现出战斗的姿态。

令人讨厌的问题分为谩骂和反驳两类。谩骂通常建立在偏见的基础上。一些人也许会因为你可被轻易察觉的政治观点、年龄、性别和性取向等企图攻击你。他们会掺和着使用一些侮辱性的词汇来描述你的论点。关于谩骂，务必要认识到；一旦你公开识破了它，你就重新掌控了局面。因此，理想的情况下，你应该保持冷静，并且参照如下思路说："你把我的演讲刻画为上层阶级的胡说八道，不是在争论，它纯属谩骂。"没有必要也不应该发起反击。当然，如果你已经把谩骂当作一种论证形式来谴责，那你也不应该因为深陷其中而自相矛盾。

当你陈述的事实受到质疑，回应时保持克制也是最好的答案。我的建议很简单。在你认为挑衅者说得对的地方，表示赞同。在他们出错的地方，告诉他们为什么错。在你不知道他们是错还是对的地方（通常情况就是如此，在一些复杂问题上很难迅速做出准确判断），你可以说，"你也许是对的，并且如果你说得对，我将不得不在那一点上重新考虑我的立场"或"我得再核实一下"。这种回复也许听起来像在示弱，但实际上它要比顽固和以自我为中心的藐视对你更有利。的确，如果你参与辩论，你就应该预料到要做出让步。毕竟，你怎么可能什么都知道呢？当然，在一些次要问题上让步要比在主要问题上让步容易得多。如果遇到第二种情况，那么说"我将不得不停一下，去思考这个问题"，要比说"谢谢你刚才摧毁了我的全部论证"更好一些。

> ✓ 人们担心遇到讨厌的问题，但却很少遇到它们，反倒是一些无聊的问题更常见。如果你回答得呆板无趣，在你结束演讲时，会得到一个较低的分数。关于方法论次要点的问题是最让人头疼的。一条好的建议是回答完这类问题后，增加一些学术色彩。譬如，你可以接着说："你的材料中真正吸引人的地方，恰恰告诉了我你的中心论点。"

团队辩论时，每个人都要清楚中心论点

小组陈述需要特别注意结构和准备工作。陈述的各个部分需要分配给小组成员。需要安排一个人开始陈述。他将提出中心论点并解释陈述的结构。计时员的工作也需要有人承担。此人应该在演讲者的视线范围内，记下每一部分花费的时间，并以尽可能不唐突的方式提示是否超时。每一部分所用的时间应大致相同。重要的是，每一位陈述人都要表明他们对主要论点非常熟悉。

团队合作的风险在于，只有一两个人是真正干活的，即提出论点，其他人只是被拽着往前走，对于项目的目的了解得并不多。一上场，这种缺乏连贯性的弊病也许就暴露出来了。那些不熟悉材料的人只要开口发言，听起来的感觉就是

这样。向他们提出任何问题，他们都会有麻烦。因此，有必要确保团队的每一名成员都了解中心论点，确保他们至少知道中心论点和他们各自阐述的每一部分有什么关联。

小组陈述比个人演讲需要更多的时间进行准备。整个团队至少需要在一起集合四次。在这项活动中，他们还需要高度专注和具备"职业精神"。小组成员需要看着观众，而不是相互看着对方，并尽量不要相互提示。

摆脱浮躁，认真对待

如果你已经读到这里，那也许就无须再提醒你要认真对待演讲。但是依据我的经验，它正是毁掉一年级新生的演讲的罪魁祸首。所以在本章结束时我不得不强调一下这点。当你面对的观众是你的同龄人时，你总是想通过搞笑或不断自嘲来打破这一浮躁的局面。也许浮躁应该这样被打破，也许人们会因此更加享受你的演讲。可事实是，这种举动传达的信息恰恰是所探讨的问题并没有那么重要或有趣。在这种背景下，这些举动的意义不大。如果演讲者并不真正关心或有兴趣，不妨让他们颠覆自己和他们的演讲，而不是伪装。但是很明显，这意味着演讲者在错误的时机出现在了错误的地方。很少有学生会遇到这种情况：我们中的大多数人想参与、想认真沟通，因为我们在乎，我们有兴趣。与你正在讨论的材料的重大意义相比，演讲场合的浮躁无关紧要。真正重要的是第三世界的债务、浪漫主义的兴起、酸雨的影响——你所关注的各种不同的话题。其他一切都是废话。

没有固定的规则

发表有效的演讲有很多方式。本章概括的模式旨在为没有经验和不自信的学生们提供一条有用的途径。它不应该被当作一系列固定的规则。的确，如果你和所有同辈一样用同样的结构和模式做演讲，那么没有人会注意到你的。一般来说，你的独特性和个性在口头交流中一直很重要，它会让你的演讲独一无二；如果你想避免演讲内容听起来像学术克隆，就需要表达出自己的特质。学术克隆尤其恐怖，因为学者们并不是世界上表现最好的演讲者。他们的天赋在别处，在潜心研究或分析中。因此很有可能，他们当中很少有人会肤浅到认为演讲技巧和内容一样重要。这一事实会让你记住两件事：

- 演讲必须有一个清晰和论证充分的"学术思想"，它们必须有论点；

- 在大学进行一次体面的演讲并没有那么难,你不需要赢得满堂彩,只需要多动动脑子,表达得清晰而坦诚。

实用小贴士:

演讲如同表演。你应该认真对待,但是尽可能地与观众保持眼神交流也很重要。微笑,充分使用手势,甚至偶尔走到观众当中,都会有所助益。

一些经验丰富的演讲者具备一些言语上的技巧,以便为自己争取时间或强调重点。例如,暂停,然后说"我刚才说到哪儿了?我刚才说到……"或者说"让我们试着定义上一个要点"。

好的演讲会传递热情。有用的句式有:"令人着迷的是……""关于……我觉得真正有趣的是……""这一点为什么重要……"

练习

快速实践

这项练习旨在提供一次快速、轻松的口头演讲实践。它需要一篇报刊文章、一个记事本、一名同伴或是一台录音机。这项练习有以下三部分。

1. 用笔记的形式将你所选的报刊文章摘录下来。一个真正快速的方法是画出重点段落和词语。如果该文没有明确的中心论点和结构，你需要自己去找，整个过程控制在 20~30 分钟内。
2. 面对你的"观众"（如有必要可以录音），基于你选的文章发表一个十分钟的演讲。
3. 如果你有真正的观众，他们应该带着记事本并且在结束时向你提出一两个问题，然后打分。如果你使用录音设备，那么不要立刻就听你的演讲，过一周后再听（隔一段时间听，会让你有一些距离感，也更客观），并记下所有的问题。

对着镜头表演

用视频录下自己的演讲是提高演讲技巧的最佳方式之一。在指导手册上，常用的练习就是让学生互相拍摄，然后一起观看录下的视频。你也可以自己或与一位朋友一起完成。注意，你不是在为自己的聊天秀试镜——演讲者应该看着他们的观众，而不是镜头；应该运用视觉辅助工具，无论摄像机能否把它们录下来。拍摄视频的好处在于，它有清晰、从容和条理清楚的优势。下面这张检查表有助于整理出各方（无论是你的同辈或你自己）对你的演讲（不涉及内容方面的问题）的评价。你的检查表应该包含如下内容（1代表差，5代表非常好）：

论点明确	1	2	3	4	5	评价：
整体结构明晰	1	2	3	4	5	评价：
热情和说服力	1	2	3	4	5	评价：
视觉辅助的使用	1	2	3	4	5	评价：
注意观众	1	2	3	4	5	评价：
肢体语言	1	2	3	4	5	评价：
回答问题	1	2	3	4	5	评价：

06

HOW to Argue

如何让你的辩论与众不同

让你的论点与众不同

有很多直接的方法可以赋予你的论点新意。本章介绍的大量技巧中的每一个都有可能将你的作业提升到一个新的高度。首先介绍两种最简单的形式("新的主题、比较和背景",以及"从次要到主要")。

主题

- 新的主题、新的比较和新的背景
- 寻找能取得重大突破的方向
- 创造性地运用现有方法
- 留神听别人没有说过的
- 发起挑战,反其道而行之
- 保持怀疑一切的态度

关键词

创意　　传统　　创新思维

新的论点总能引起注意，它也会得到更高的分数。虽然人们一直强调创新的价值，但创新很少作为一种可以获得或练习的能力被讨论。事实上，相反的情况却经常发生。虽然所有学生都应追求创新，但它被描绘成了极少数人与生俱来的能力。因此，对大多数学生而言，创新有些遥不可及。它代表的是那些比自己出色的人、那些处在学科顶端的极少数精英、"真正的思想家""真正的学者"的权力和威信。你也许已经猜到了，我毫不认同这些排他性的做法。我认为创新能力是所有学生都能具备和培养的。这种信念不是来自平均主义的一厢情愿。它源自观察：通过做简单的事，并遵照简单的步骤，甚至最普通的学生也能整合出一个条理清晰和创新的观点。

本章将提供六个可以用来提出原创性分析的点子，六个诱发因素。它们的作用是为你的作业带来新的角度和研究线索。这些干预所能协助的创意类型是比较有限的。我们这里讨论的创意是关于采纳一种现有的、已被认可的论点或方法，然后进行一些改变。这种改变可能需要嵌入某些东西、扩展某一部分或是扭转它的某个方面，到最后剩下的是一个保留传统又有新意的混合物。

也许看起来，此处给出的创新的概念，不够大胆。然而，这种程度的创新正是你所在领域的大多数知名学者即将要实现的。创意和重新思考自己的全部研究领域，二者不要混淆。前者要比后者更容易实现，也没有后者那么宽泛。

在此我不想解释为什么要谦虚，我想解释为什么要坦诚。说"此文对帕特尔和其他人一直在探究的工作做出了独特贡献"，总是要比说"此文提供的论点是史无前例的和无人能出其右的"更**准确**些。前一句表达还能帮助人们避免遭到**剽窃**（参照术语表）的指控。

新的主题、新的比较和新的背景

要创新，最简单的方式是运用新的数据来阐释现有的理论。许多杰出的学者就是借由这种方式"开创"了一个新的领域，从而声名鹊起的。这一过程可以细分为新的主题、新的比较和新的背景。

新的主题

新的主题通常会在不经意中进入你的视线。然而它们更有可能在你带着疑问阅读的过程中被你偶然发现，或者纯粹是你的个人兴趣使然。如果你在现有的某个领域钻研得过深、过窄，两种途径都可能被你忽略。换句话说，如果你从手头的任务抽身后退一步，并且问自己一些基本的问题，通常会更容易触及一个新的主题。这些问题包括："这一理论还能解释什么？""在该领域内还有哪些问题未被探究？"，以及"如果我可以就自己的兴趣来写，我会写什么？"

这些问题会引出各种不同的答案，许多答案的用处都不大。务必要记住，新的主题应该实质性的，以便发展成为论点。理想的话，它们应该是一种新的类型，而且是某一活动领域在过去尚未充分探讨的一个主题。这意味着，举一个属于**既定类型**的例子，无论它多么有实质性，都是一种缺乏创意的形式。

通过例子，我们可以更好地理解这种区别。想象你有一项关于非洲贫困问题的作业。因为你想采纳一个新的角度，所以决定将研究重点确定为一个在英语语言文献中获得关注较少的国家，比如马达加斯加。然而，关于其他非洲国家的类似研究并不罕见。因此，尽管你的作业因为所举的例子不太寻常而引起了一定程度的关注，但它不会让人觉得特别有新意。为了实现这一点，你需要加强创新，找到一个不仅未被充分涉猎而且还能引出一系列新问题的主题，一个用来理解非洲贫困问题的全新框架。参照有关心理映射的文献，探讨一下非洲人对贫困地区分布的认知如何，或是研究一番伊斯兰教理解和解释非洲贫困问题的传统做法。正如这两个例子所表明的那样，新的主题通常在性质上是跨学科的。它们要求你能超越子领域的传统，从各种来源汲取所有必备的材料，对熟悉的问题提出新的见解。它们还通常令人感到一丝恐慌。"它听起来是个很不错的想法。但是我能在哪儿找到关于它的信息呢？"这个问题成了许多有可能成为原创思想家的人的绊脚石。的确，新的主题需要新的方法论，全新的定义相关数据的方法。然而，最平实的答案通常随手可得。如果你身在地理系，并且你的新主题要你进行宗教和历史研究，那就开始挖掘这些文献吧！如果你从事的是英语研究，你的主题的新意取决于相关人类学的内容，那么你该造访图书馆的另一个部门。创意不能摒弃现有的传统，而是要将它们联结起来。

新的比较和新的背景

所有的学问都要求比较和背景。然而在大多数领域内，比较和背景都有常见和标准的形式。在被比较和背景化的事物中可以看到这些传统，另外还包括比较或背景化的单元和范围。例如，在英语文学中，被比较的事物通常是小说，比较的范围通常是国家，背景通常是现代，因此关于19世纪英法两国小说兴起的论文占了大多数。通过改变或挑战这些因素中的任何一个或全部，都能赋予论点以新意。做到这一点的常见方式是，选一个通常以某一历史时期或某一地区为背景展开讨论的主题，然后将其置于一个不同的时期或地区。例如，如果小说的兴起通常是在西方社会的背景下被探讨，那么跳出西方社会探讨这一主题，也许就是创新。与此相类似，如果非神话色彩的、基于情节的虚构类叙事通常是在现代历史的背景下被探讨，那么研究中世纪或古代社会是否存在原型也许就是创新。

然而，当你提出新的比较和背景时，需要谨慎，尽管这些比较和背景提供了一些有趣的内容。比较印度和泰国小说的兴起，也许以前就没人研究过。除非这种比较有助于推动更大范围的讨论，除非这些国家的历史提供了新鲜的启示，否则无论是在地区还是在全球范围，这种致力于创新的尝试有可能会显得过于随意，甚至沦为表面文章。对于这类讨论，或许一种更有实质性的介入不是选择"从未触及过的"国家，而是改变分析的对象或范围。例如，你也许想探讨该地区现有的批判主义文学是如何以"西方"和"非西方"的意识形态为前提的。范围在地理意义上最好理解（如具体地点、地区、国家、大洲），不过地理位置只是一种针对我们感兴趣的内容划分界限的方式。更广义的"分析对象"的概念会带给我们更宽广的一系列可能性。来自英语文学的另一个例子有助于解释这一点。在该领域，传统的分析单位是个人（尤其是作者）、群体或作者们、读者们和国家发起的文学运动。当今，其他常见的比较对象包括性别（如女性文学）、阶级和种族。此外，还有大量划分研究领域的方法，例如家庭（作为读者或作者）以及出版行业也可能为背景和比较提供一些有趣的材料。

寻找能取得重大突破的方向

书中最有趣的内容通常获得的关注最少。脚注、次要的例子和离题的言论都可能让人难忘，恰恰是因为它们表述精确，能从主要的文本中脱颖而出。当你想要深入研究这类材料，将其从一个细节转化为更深刻和更复杂的内容时，它们的作用最大。这种愿望也会让你迷失方向。它会导致你费时好几个月到处搜寻的信息，仅仅是一眼就能瞥见的引文。但是，我们千万不能压制这种愿望。跟踪这些次要的主题会让你对自己的领域有更深入的了解，这些见地不仅有新意，而且还能有效质疑并突显一系列的优先要务。此外，值得留意的是，主导今天辩论的主题在过去的研究中通常无立足之地。我们似乎有理由假设，如果能够预测的话，未来研究的主要焦点，存在于当今文学的旁注、脚注和潜台词中。

那么问题来了，"哪些细节，哪些次要主题值得进一步探讨？"正如我所暗示的那样，如果这个问题你答对了，你的研究有可能被视为做出了重大的、创新的贡献。如果你答错了，你的贡献最多也只能被视为有些异类（有新意，但不是你期待的那层含义）。你应该寻找有潜力的想法，那些能取得重大突破的方向。甄别这些主题最简单的方式，就是找到被其他作者认为可能有实质性，但却被标注为超出其研究能力的事实和想法。相比之下，有些主题是不能碰的。最明显的例子，就是那些充满了信口开河的言论和离题万里的突发奇想的主题。类似没有前途的，还有那些文献综述的插入语或脚注。它们的根本目的就是为了证明作者的阅读有多全面。值得进一步探讨的次要主题往往不会受到这种限制。它们靠现有的材料，为寻找新的路径提供了各种机会、灵活的解决方案和各种线索。

> ✓ 表明你现在做的事是在创新。有用的句式包括："这一主题在过去的文献中一直被边缘化。""涉及这一主题的参考文献很少，也很分散。"

创造性地运用现有方法

创新通常基于对传统的认知。不了解过去做了什么，就很难知道如何创新。不幸的是，在这个方面，无知却成了福气：许多人认为他们的想法极其大胆和新颖，正是因为他们从未真正想要调查前人的研究。当一个人声称自己的理论有所创新时，了解前人的研究特别重要。因为理论研究的抽象本质，无论它看起来多么新颖，往往会和从前名称不同的方法重复或有类似之处。它不会贬低你的研究，而是表明你了解这些相似性和重复之处，反而确立了它的严肃性。

理论创新的实现方式有很多。最简单和最有效的方式之一是碰撞。将理论传统混合拼接在一起，能够产生一种更复杂、也更新颖的解释某一特定主题的方式。20世纪许多最著名的理论都源自这一过程。吉登斯的结构化理论以及沃勒斯坦的世界体系理论，均源自创造性地将现有方法融合在一起。

这些看上去相当伟大的例子，从根本上看，并不一定是让人畏惧的或极其复杂的过程。沿着这一路线前进的最简单方式之一就是，围绕自己找到的理论来组织研究。虽然这一理论本身并不新颖，但在你的研究领域是一个新事物，且对你的领域有所贡献。例如，虽然地理不是一门在理论上很多样化的学科，但在该学科内鲜有研究出自心理分析的视角。因此，问题变成了"这个视角能对地理研究做出什么贡献？"事实证明，正如最近该学科的一些作者认为的那样，在诸如城市的形式和功用以及文化景观的问题上，心理分析提供了一系列深刻的见解。

对于那些有可能对你的学科或子领域有所贡献的理论的探索，不应是功利性的。说得更具体些，仅仅因为它看起来很新奇，就引入一些不相关或一知半解的材料，这样做的结果是灾难性的。如果你恰当考虑了你所在领域的现有理论的定义，以及打算"理论引进"的本质，那么这种方法就不失为一种既有趣又简单的，表达重要新理论的方法。

留神听别人没有说过的

在日常争论中，我们常常认为某人没有说的比他们实际上说的更重要，更有启发性。这个想法在学术辩论中也很常见。留神倾听缺失的信息、未说出的假设和边缘化的事实，可以帮我们进行有力的批判，并帮助我们找到有实质性的、新的调查领域。这意味着，"留神听别人没有说的"包括两个方面：批判和新的研究的形式。这两者如何推动创新，取决于你对"有待揭示"或"尚未发现"的主题的选择和处理。例如，虽然指出东方主义学者爱德华·萨义德（Edward Said）的著作对于性别和女性主题的一系列沉默可能会让你写出一篇有实质性的、有趣的论文，但它不会有什么创新。许多人都注意到了这种特殊的沉默。记住，"留神听别人没有说过的"是一种广为熟知的学术技巧。事实上，期待他人在该领域的尝试在某种程度上并没有什么创新是值得提倡的，这样，你才会慎重对待你所谓的创新。此外，仅仅注意到别人没有说过或做过什么，本身没趣，也不重要。如果你发表评论时没有清晰的理由（为什么你会选择这个没有说出的问题）和分析（对于这一没有说出的问题，你又想论证什么），等待你的只能是那句熟悉的批语："那又怎样？"

这些警告应该清楚地表明，借由"留神听别人没有说过的"来实现创新，需要深思熟虑和仔细研究。尽管如此，如以这种方式探究问题，关于探讨哪些方面的一些初步设想可以快速记录下来（参见练习1）。至少在一段时间内，这样的路线通常值得尝试，视结果而定。

发起挑战，反其道而行之

传统得以保留，不是因为人们认同它们，探讨并同意它们可以延续下去；它们得以保留，在很大程度上是因为人们没有做过上述任何事情；它们之所以能够持续，是因为人们认为它们是显而易见的常识，不需要讨论。因此，思考一个人所在学科的传统并不总是很容易的。它们往往是无形的，或者只是以某种"例行公事"的方式被讨论着。正是在这种背景下，才显得挑战占支配地位的知识秩序的做法如此具有颠覆性。"反其道而行之"是一种具体且十分有效的发起挑战的方式。这一做法最广为人知的例子，涉及因果关系问题。例如在18和19世纪，空想主义者认为，某些抽象的想法影响了物质现实；可是经验主义者和唯物论者却反其道而行之，断言其对立面是正确的，即世界的物质现实确立了占主导地位的思想。不过，反其道而行之，不一定会涉及这样抽象的问题。事实上，更常见的是那些比较特别的例子，比如解释第三世界的贫困问题。形成于殖民主义时期的传统的"西方解释"认为：贫困是由原始文化的某些缺陷引起的，殖民入侵对推动其发展是必要的。挑战这一立场的主张是：正是西方殖民主义导致了贫困，让第三世界国家发展不起来。这一例子和其他例子告诉我们，反其道而行之取决于：

- 能够找到并挑战目前占支配地位的关于因果关系的假设；
- 能够解释为什么这一假设背后的逻辑推理被倒置了。

保持怀疑一切的态度

怀疑有许多形式。它可能代表一种懦弱、犹豫不决的立场，或拒绝做出任何承诺。它还可能表现为如英雄般地大胆挑战既定的、占主导地位的思想。在学术辩论中，怀疑同时保持着这些倾向。人们普遍认为，科学与社会科学渴望一种"有条理的怀疑主义"，学者们也有义务"**质疑**"。这一想法代表的是一种看上去要挺身而出反对传统知识权威的欲望。然而在学术辩论中，怀疑还会朝着另一个方向发展：它削弱了人们的信念，颠覆了人们按优先次序处理事务的愿望，并且助长了一种高高在上、漠不关心的态度。

当你听到教授们下达大胆挑战的指令，要求你"怀疑一切"时，你可能会感到不安。可以肯定，对这句格言不能做幼稚的解读。他们不会怂恿你去挑战一切。但他们鼓励你做的事情仍然极其令人兴奋，并且能够解放你的思想——理解你正在学习的思想和术语，不要把它们当作已知的事实，而是构想，是能被质疑和挑战的事物。

这项任务永远不可能结束。它是一种对知识的态度，一种**持续揭露和打破正统思想的思维方式**。这也许听起来让人感到困惑和不安。但是务必要记住，这是学生们一直在做的事情。学生的任务就是质疑手头的材料。挑战则是继续深入这一进程，不仅要怀疑那些在你看来有问题的事物，还要质疑那些看似已经逃过审查和追究的术语和概念。

实用小贴士

关于创新的提法，往往是少而精。你的主张越有限，越准确，就越有说服力。

确保明确指出你的原创观点的本质和局限性。只研究马达加斯加是不够的，你应该澄清它从前未被探讨过，为什么现在讨论它很重要。

在你的其他作业中确立一个新的话题、主题或用一个新的技巧通常是可取的。你不用在每一份新作业中追求创新，你可以在过去的基础上提出（不仅仅是重复）新的话题、主题或使用新的技巧。这样一来，它就成了你自己的原创。

✏️ 练习

头脑风暴

这是一项用时较短（不超过 30 分钟）的头脑风暴练习。它旨在消除我们在处理学术材料时经常抱有的犹豫和保留心理。它需要围绕你的研究领域或专长的某个广为人知的话题展开。一旦选定了话题，就要以个人或小组为单位，让如何处理这个话题的想法大量迸发出来，并做好记录。这是一项"知无不言，言无不尽"的练习。如果在学术意义上，结果并不是特别让人眼前一亮，哪怕说出的话有多么不恭敬，也不应判定为失败。如果你能选出一个可以称为或可能最终变得有实质性的想法，那就是一件喜事。

构思新的方法

这项练习旨在让你在一个特定的研究领域内想出新的研究思路。虽然最终结果也许不是实质性的或不可用，但它鼓励你对自己的想象力和创造力保持信心。

在开始这项练习前，一定有正确的思维框架。你无须考虑别人会如何看待你的回应，用心记下尽可能多的材料。你提出的角度和想法越多，这项练习就越成功。

首先，你需要提出一个简单的问题，最好是一个有很多答案的问题。你可以就一个复杂概念的定义进行提问，比如"什么是失业"。在不到 20 分钟的时间内，以笔记形式尽可能多地记下各种不同的回答。只要你愿意，你的回答可以个性化一些，也可以抽象一些。努力写下至少 30 个答案。你的一些回答可能很愚蠢，另一些则不然。

现在删除那些你认为在目前有关该话题的辩论中熟悉的和已被认可的回答。你可以在这一阶段结束该练习，利用剩下的回答作为小组讨论的基础。可是如果你想挑战自己，你也可以继续探究。在剩下的所有回答中，圈出两个你认为有前景或特别有趣的回答。参照仅有的这两个想法，写一小段话，解释你正在探讨的现象的产生及其本质。无论最终结果是否有用，如果你完成了这项练习，你的成就都是显著的。你已经把传统抛在脑后，成功开创了一种截然不同的方法，一套不同的优先次序。

怀疑的价值

作为一个无须捍卫任何一个派别的人，我采用的是绝对

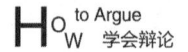

怀疑的方法，并且将其首先用来研究文明及其最根深蒂固的偏见。

查尔斯·福里尔（Charles Fourier），1972

在这项练习中，你需要仔细阅读一篇学术文章。这一练习的目的是，让你的分析对象受到尽可能多的质疑。练习结束时，对于文章中涉及真理的主张你会更加谨慎，也更倾向于认为：也许还有其他方式回应所涉及的问题。

你要寻找所选文章依托的假设。用来讨论的学术文章应该简短且独立。你也可以选一篇自己的论文。但是要记住，文章越接近你的学科，就越难看到问题的本质，即找到确立其结构和引导它的传统。一旦你选好了文章，在通篇阅读之前，可以根据如下标题将一张纸分为几栏。

- **关于分类的假设**：将数据和思想标记、归为一类的方法。
- **关于读者的假设**：读者对本文的期待（以及教育）的程度与类型，以及他们回答的真实性，有哪些是我们想当然的?
- **关于重大意义的假设**：对于研究和研究成果的重要性，人们接受什么?
- **关于权威的假设**：其他材料在该文中被引用的方式。说得更具体些，就是人们对那些未在该文中被举证或证明的想法和研究成果的接受程度如何。

- **关于因果关系的假设**：对于一件事为什么因另一件事而起，文章接受并坚持了哪些观点。

这些标题的目的，是让你在分析文章中的假设时结构更清楚。它们并没有包括一切假设。许多假设会被漏掉。然而它们能帮助你理顺答案的结构，并提醒你：假设呈现的方式有很多种。我建议你可以少选几个标题，因为这项练习并不容易，即使你完成得很好。如果在这之前讨论一下所列范畴的意义，这项练习就很容易用于小组练习。

作者后记

言之有物

相信一个人能言之有物可能很难。人们很容易在生活中随波逐流：相信自己有不足之处；坚持认为一个人想要言之有物，必须特别善于表达，富有且积极进取。这种信念的一个必然结果是，为了得到重视，一个人必须模仿"重要人物"的风格和方法。一个人必须变得自私、爱逃避，并且准备不惜任何代价以达到目的。在这种背景下，学习如何辩论似乎与学会如何残酷行事没什么两样。这个前景不容乐观，并且具有讽刺意味的是，它培养出的一些人只会说"瞧我的"和"我比你更出色"之类的话，很难成为言之有物的人。

本书的目的是向学生们展示如何论证，但它还有另外一个远大目标。整个过程就是一个关于立论的论证。我的两个基本断言既是描述性的，又是说明性的。第一，论证不需要也不应该是为了唯我独尊或高人一等。学术界提供了另外一种论证典范。因为论证是一个学习过程，一种建设性的参与形式，并能给人以见解和启迪。承认自己的错误和倾听他人都是这一过程的重要成分。它们绝非软弱的表现，而是代表认真严谨的态度。当然，这一理想并不限于学术界，我猜想，它正是大多数人期盼从出色的论证中能够获取的。然而高等教育仍然是少数几个公开推崇论证的领域之一，论证仍然是其制度基础。不仅如此，高等教育的独特性，它对社会的贡献，也植根于这种论证模式。这就意味着，学生们务必要感觉到在这一理想中他们也是利益相关方，并认同论证的价值和用途。

本书的第二个观点源自第一个。简单地说，论证可以学习，也必须学习并加以练习。这样的立场也许听起来像老生常谈。然而在高等教育中，论证正逐渐被边缘化，这是一个不幸的现实。在许多国家，现在的重点是教授基本的"关键技能"，例如计算能力、读写能力、团队合作、时间管理和计算机技能。这些技能都是必备的，但是没有一项技能推动或延续了高等教育的独特之处。事实上，由于它们都能从其他地方获得（例如在中等教育或其他形式的培训中），过于强调它们则削弱了高等教育的目标和意义。目前，在大学诸多相互抵触的愿景中，存在着一种不可持续的焦虑。一方面，学生们仍然需要提出论点。事实上，在大多数课程中，论证仍然是学生们需要理解和学习的最重要的东西。另一方面，论证很少被教授（或得到清楚的）确认——它以极其难掌握和神秘的面貌呈现，常常被混淆。我在这本书中致力于表明，学习如何论证并不需要超常的能力。它不需要你凝视远方以寻找灵感，或者是在一座巨大的图书馆里度过你的青春年华，并慢慢变老。它似乎比上文提到的"关键技能"更难（尽管这里没有说太多），但不正是因为人们想要在智力上挑战自己，所以才去上大学吗？

我在本书中所提的建议，都无法解决我在这篇后记开头提出的问题。当问及一个人的观点，一个人独特的视角时，你很容易怀疑此人是否有这样的东西。因此，人们会陷入尴尬的沉默，或者是更令人沮丧的自我嘲讽中。这种不满的感觉是由一个广为流传的观点所支撑的，那就是智力活动完全源自内部。像淘金一样淘洗自己的思想，挖掘心灵深处金子一般的独到见解，都是孤独的消遣。对我们大多数人来说，最终结果只不过是得到一种空虚感。事实是你身上并没有源头。这并不奇怪，因为你找错了地方。论证不是发自内心的。它们源于人们接触到的问题和事实，源自人们的生活和终结人生的方式，以及人们难以左右的事情。论证就是要进入这个世界，参与其中。这样你更容易意识到：你关心某些问题，你相信某些想法是重要的或者需要探讨的，这些事实会促使你说些什么。更重要的是，你要明白你的论点是值得表达出来的。事实上，它们真的很重要。

术语表

一个充分的论证需要足够的词汇量。这个术语表提供了关键术语的定义,任何进行学术辩论的人都应该熟悉这些术语。我还收入了一些很少用到的短语,我认为这些短语很有启发性,而且可能很有用。这些术语,如果解释不清楚它们的含义,就永远不要使用,我把它们标记为"罕用"。

人身攻击(ad hominem):意指"诉诸人身"。作为一个批评用语,它指的是通过攻击支持某一观点的人的个人品质来反驳论点。参阅第4章。

时代错误(Anachronism):把某物归到某个不属于它的历史时期。在学术研究中,时代错误的问题在很大程度上属于概念问题。例如,如果我们接受"种族主义"(定义为自然差异和客观的不同人类类型之间的不平等)是一种现代的发明,那么我们就必须得出结论,任何使用这个概念的古代或中世纪社会的研究都是错误的。

类比(Analogy):两个明显不同的事物之间有相似性。类比是论证中常用的手段。说得更具体些,在类比论证中,某一事物类似于其他事物的观点，可以作为声称这两个事物在其他方面肯定也有相似之处的基础。类比往往是不可靠的。它们被视为具有启发性和趣味性，但植根于其中的论点很可能是误导性的。

分析（Analysis）：对某一事物构成要素的详细考查。这意味着，分析可能是纯描述性的。然而，在人文社会科学中，这个词经常被用作论证的同义词。因此，在这些领域内，分析等同于解释事物存在的方式和原因。

神人同性论（Anthropomorphism）：将人的特性归于非人类事物。神人同性论的错误通常发生在将人类情感和经验应用于非人类动物的研究中（例如，想象动物谈恋爱或者国家有"生命周期"）。

恐吓论据（Argumentum ad baculum）：（罕用；拉丁语：诉诸大棒的论点）使用威胁的论点。在学术上，它通常不是字面意义上的一根大棒。然而，政治、道德和经济威胁并不罕见。例如，"所有反对我的人在这个机构里都没有位置"，或者"只有法西斯主义者会对我的论点持反对意见"。

诉诸群众（argumentum ad populum）：（罕用；拉丁语：诉诸人民的论点）一种旨在诉诸群众力量的辩论形式。这个词也用于这样的概念：如果一个想法被广泛接受，那么它应该被认为是正确的。

诉诸权威（argumentum ad verecundiam）：（罕用；拉丁语：诉诸尊严）一种以诉诸权威为基础的论点。学术争论常常依赖于第二手资源的权威。一个诉诸权威的论点是这种趋势的夸张形式。这种论点的特点是毫无根据的、傲慢的断言，即某事之所以如此，仅仅是因为有一个具名的权威这样说。

术语表

偏见（Bias）：持有偏见是指抱有一种具体的、先入为主的倾向，或曰成见，赞成对事件的某种解释并且反对其他解释。一般来说，应该避免使用这个词，而使用更具体的批评。参阅第 4 章中的讨论。

案例研究（Case study）：对某一广泛现象的实例的详细研究。案例研究不一定具有代表性或典型性。然而，通过深入了解单一事件的复杂性，它们可以提供更广泛的调查所不能获得的见解和丰富的细节。

循环论证（Circularity）：一个针对如下论点的批评术语：即第一个主张被证实，是因为参照了第二个主张，而第二个主张又取决于第一个主张被人接受。例如，"真人般的上帝的存在是被《圣经》证实了的；当然《圣经》的权威必须被接受，因为它是受上帝启迪的。"参阅第 4 章中的讨论。

遁辞（Circumlocution）：顾名思义，"遁辞"指的是对一个话题避而不谈的做法。这个词用于描述冗长和（或）回避一个主题的行为，而不是直接和清楚地探讨它。

比较（Comparison）：对比论证分析的是一个现象，以某一单独但却类似的现象为背景。它最常见的形式之一与地理有关，将一个地点和另一个地点进行比较。参阅第 1 章中的讨论。

混淆（Conflate）：一个批评的术语，指的是把两个或两个以上独立的事件当作一件事来对待。

矛盾（Contradiction）：两种事物的相互对立（例如事件、过程、思想）。请参阅第 1 章中的讨论。

反事实（Counterfactuals）：基于对真实事实的臆测，从而做出对已发生事件的另一种解读。反事实是由对"如果……怎么样"这个问题的创造性回答构成的。反事实很烦琐，且本质上是不可靠的。

批判的（Critical）：这个术语有两个意思。（1）一种致力于识别、揭示并且有时反驳断言和假设的评价形式；（2）负面的判断。这个术语有时带有政治含义，因为它经常被用来挑战正统的假设。

批评（Criticism）：在人文学科中，批评常常用来指分析和辩论的过程（例如，文学批评）。在社会科学中，批评通常用在更通俗的意义上，指的是否定的判断。

批判（Critique）：一种论证，通常采取批评性说明的形式（参见批判的第一个意思）。

解构主义（Deconstruction）：一种分析的技巧，强调范畴和意义的不充分、不稳定和相关性。参阅第 1 章中的讨论。

演绎（Deduction）：先提出一个论点或假设，然后用经验数据进行验证，得出一个普遍结论的过程（参照归纳）。这个术语也可用于描述从一般规则中推断特定实例的行为。参阅第 1 章中的讨论。

定义（Definition）：口头概括一个术语或想法的确切含义。因为很多词都有多种不同的含义，所以在论证中定义一个词的关键范畴通常很有裨益。

决定论（Determinism）：深信事件是预先决定的。极端的决定论者认为，已经发生的一切都是注定要发生的。这一概念消除了人类选择的可能性，并包含了难以置信的暗示，即未来（可能）是完全可以预测的。

唱反调（Devil's advocate）："唱反调"的意思是纯粹为了作对而采取相反的立场，或者为了达到在另一个人的论证中找出问题并探讨的目的。

辩证法（Dialectic）：现在通常用来描述一个矛盾的过程。辩证法涉及三件事。(1) 一个事物（一个正题）；(2) 它的对立面（反题）；(3) 这一矛盾的统一。因此，所谓辩证就是从正题和反题到统一的一种运动。参阅第 1 章中的讨论。

教条（Dogma）：由宗教权威确立并依赖宗教权威的（一系列）原则。这个词也用来指任何一系列顽固而狭隘的想法。教条主义与论证对立。

辩驳（Elenchus）：（罕用）一种驳斥对话者论点的形式（与苏格拉底有关）。实现的方式是让对话者先同意与他们的立场不一致的更进一步的主张。

诘问（Epiplexis）：（罕用）一种试图通过羞辱或斥责他人达成一致的论证形式。它经常借助带有道德含义的修辞问题来表达。

认识论（Epistemology）：关于知识的理论。认识论的问题关乎事物是如何被认识以及为什么被认识的原因。

争论术（Eristic）：（罕用）一种论证形式，旨在实现论证的胜利，而不是寻求真理或连贯性。

种族中心主义（Ethnocentrism）：偏袒某一特定种族的偏见。种族中心主义最常见的形式往往是最不引人注意的。

证据（Evidence）：基于经验主义说法的论点需要证据。在寻求建立论点的时候，论述者将会尽可能地研究相关的证据，既有支持的也有不支持的。然而，即使这样做了，通常也应暗示一个人的结论是有一定条件的。因此，论证不应该杜绝新证据出现的可能性，或是那些不被关注的证据。在大多数调查领域，论据形式是一种暗示着一个特定结论的材料，而不是简单地证明它的材料。参阅第2章中的讨论。

事实（Fact）：事实永远是一种说法。该说法可能涉及一个可证实的、客观的事实和/或经验。在整个学术界，认为事实"为自己发声"的观点与天真的、归纳的论点有关。

信仰（Faith）：被描述为一种深刻信念的真理假说。因此，它被认为超越了常规的证据和/或理性的规则。

功能主义（Functionalism）：功能主义者是指在某个首要的、确定的结构或两端参照其功能来解释一个过程或事件的人（从这个意义上说，功能主义是目的论的一种形式）。

夸张（Hyperbole）：夸大的表述。在批评那些夸大的论点或夸大他们证据的重要性的论点时，这个术语很有用。

假设（Hypothesis）：一种推测性命题（参照命题）。一个假说不是对真理的声明，而是一个可验证的起点，用于调查或辩论。假设可以被证明或证伪。然而，使用证据来改变一个人的原始假设，以创造另一个更有希望的假设，往往更有用。尽管它在许多研究领域都很有用，但重要的是，要意识到"依照证据验证假设"的做法是一种科学的方法论。人们普遍认为，这种方法论假定某人研究的事实是客观的，可量化的。一个人的材料越是解释的，越是与社会意义有关，就越不适合采用假设性的开头。

假设性的（Hypothetical）：这个术语有两个主要的含义：（1）描述一个假设或导致一个假设的推理；（2）从已知事实臆测出的假想的例子或事件（参见反事实）。

理想的演讲情况（Ideal speech situation）：从哲学家尤尔根·哈贝马斯的著作中衍生出的一个术语，指的是所有各方都充分了解的情况下，为追求真理而平等地进行的思想交流。

固定观念（idée fixe）：围绕一个根深蒂固的信念展开论证，这可能被称为它的固定观念。虽然这个术语可以被描述性地使用并不带任何批判性的意图，但它也可以被用来暗示一个强迫性的、偏执狂型的、狭隘的视野。

意识形态（Ideology）：尽管有时它被用来形容任何相关的意见模式，"意识形态"和"与意识形态有关的"最出名的是作为政治批评的术语，适用于那些被对手视为教条主义和被误导的观点。

个体化研究的（Idiographic）：对个别现象的描述（参照研究一般规律的）。个体化研究意味着它适用于细化的具体事件，而很难或者无法适用于一般现象。

归纳（Induction）：在观察的基础上得出概括性结论的过程（参照演绎）。参阅第 1 章中的讨论。

谩骂（Invective）：辱骂和攻击的话。指责某人谩骂，是说他们的论点既不合理又令人反感。

逻辑（Logic）：推理的过程。具体地说，逻辑关系到一个事物被理解为跟随或连接到另一个事物的方式。所有的论证都包含逻辑。

批评家的主要任务之一是确定这些主张的真实性和适当性。由于存在不同类型的逻辑和期望，这个任务变得更加复杂。在某些形式的研究中，逻辑等同于提出不可辩驳的表述（例如，三段论）。相比之下，在其他（更常见的）研究领域中，逻辑被理解为"有说服力"或"合理"的结论，它们是通过暗示和概括的方式得出的。

隐喻（Metaphor）：一种修辞手法，参照其他事物来描述某一事物。例如，"她的迷宫般的大脑"或"他的论点崩溃了"。

方法论（Methodology）：对方法的描述。方法论指的是"以什么方式"的问题（参照理论）。例如，你的写作或研究的方式就是你的方法论。然而，任何方法论的选择都是一个理论和实践的问题。此外，方法论是基于对证据的性质和地位的解释。因此，一个人的研究方法的选择需要在数据和理论方法的背景中得到证明和解释。

转喻（Metonymy）：一种以事物的名称或特征代替事物本身的修辞手法，例如称呼王室为"王冠"（the Crown）。

研究一般规律的（Nomothetic）：对普遍规律的研究。一般规律研究法确立了寻找普遍规律的优先地位，而不是重在描述独特实例。

不合逻辑的推论（non sequitur）：（源自拉丁文：无法推导出）用来描述一个突然的、也许是不合逻辑的想法过渡到另一个完全不同的想法。

"没有真正的苏格兰人"会这样做（'no true Scot' move）：（罕用）以虚构的真实身份为基础的论点的哲学昵称。这类论证依赖于声称已经确定了现象的本质。然而，正是这一假定本质的模糊性，使得"没有真正的苏格兰人"会这样做成了一个批评的术语。这个术语来自一个假定的交换，一方声称没有苏格兰人会做某事，另一方指出"但有一个"。前者试图反击，声称"没有真正的苏格兰人"会做出这种举动。"没有真正的苏格兰人"会这样做，代表了伪装成洞察力的逃避。

客观的（Objective）：这一术语通常等同于实际存在的事实——真实的事实是不受人类的解释和情感左右的（参照主观的）。

本体论（Ontology）：关于存在本质的理论。本体论问题涉及对某事物的存在和原始特征的解释。

矛盾修饰法（Oxymoron）：一种自相矛盾的修辞手段，例如"勇敢的懦夫"。

赞颂（Panegyric）：一个令人生厌的赞美之词。这个术语经常带有批评的意味，言外之意是折中的表述更合适。

范式（Paradigm）：这个术语有多种用法。在一个非常普遍的层面上，它通常被认为等同于一个被认可的和具名的主要论点。在科学哲学中，它有一个更具体的含义，它等同于一种能将主要问题和解决方案集合在某一领域的思维方式。

悖论（Paradox）：一个看似矛盾但又有效的陈述。

剽窃（Plagiarism）：大多数学生都知道，在不点明来源的情况下，抄袭别人的文字或数据是不可接受的。但其他人的论点呢？毕竟，大多数字典对剽窃的定义都是"把别人的想法当作自己的"。如果从字面上看，这不仅意味着无法企及的必备的创意水平，而且还暗示大部分出版物都是抄袭的。下面的三个基本规则将帮助学生们通过这个潜在的雷区。(1)只要你用自己的语言来传达一个论点,把所有引用的材料放在引号里,说明所有辅助数据的来源,那么你就不应该受到剽窃的指控;(2)引用所有不属于你的论点是很好的做法。论点越具体、越不广为人知,就越重要。相反,论点越普遍越知名,就越不重要;(3)当有疑问时,宁可谨慎,也要说明你的材料的来源。

争论(Polemic):一种挑衅;一个片面而固执的观点。在学术生活中,争论被认为是不受欢迎的,但仍然很普遍。他们在开始一场辩论时有时很有用。

民粹主义(Populism):目前,它通常是一个批评的术语,适用于那些被认为不诉诸理性或真理而诉诸大众情感的观点或做法。

前提(Premise):一个出发点。详述前提是指陈述一个人接受什么,什么是已定的。如果以这种方式介绍一部作品的前提,我们就会发现诸如"如果我们接受……"或者"这项工作建立在布朗的理论基础上……"之类的句式。澄清一个人的前提并接受验证是很好的做法。当然,由于任何一部作品都依赖于大量的前提,所以这总是一个有局限性的练习。发现对一部作品有破坏作用的前提,是一种有用的批评形式(参照预设)。

预设(Presuppostion):为了得出一个特定的结论,我们预先假定了什么。因此,确定一个预设需要从一个语句中"折回",以找到未声明的前提。

有问题的(Problematic):这个词有三个含义。(1)最常见的是指一个问题的存在。从这个意义上讲,有些东西之所以有问题,是因为它值得怀疑。同理,使某事问题化,就是断言或证明某事是值得怀疑的；（2）第二个意思源自哲学，但现在被运用于许多其他学科。在哲学术语中，一个问题是指那些包含有可能存在的事物的命题；（3）问题的第三个含义经常出现在社会科学中。虽然有时候意图是模糊的，但这种用法使问题等同于一组相互关联的困难或疑问（例如，"环境问题"或"英国社会中的种族问题"）。

证明（Proof）：一般来说，证明就是一项证据。然而，声称一个人已经证明了一些事情的说法需要的不仅仅是证据，而是确凿的证据。在几乎所有的调查领域中，没有错误和不受怀疑的证据通常是很难获得的。因此，声称已经证明了一些事情这种说法通常应该避免或加以严格限制。

命题（Proposition）：这个术语有两个意思。（1）断言；（2）提议的方案。前一个意思可以作为论点的一个有用的同义词。

证明完毕 QED（拉丁语 quod erat demonstrandum 的缩写：那是要证明的）。写下 QED，意味着一个人声称已经证明了他想要证明的东西。它的作用是可附加在数学解决方案中，但在其他地方很少使用。

无关转移（Red herring）：（不论是事实、理论还是方法论）不相关的、但会转移注意力的事物。

归谬法（reductio ad absurdum）（拉丁语：反证法）：一种批评的形式。在这种批评中，通过表明遵循它的逻辑结果会导致某种形式的荒谬（例如，不合逻辑）来反驳他人的立场。

还原论（Reductionism）：用来描述复杂的过程或事件的一个批评术语，它借由一系列误导性的、狭隘的因果要素来进行（通常，这个术语的批评对象被一个粗略理解的、解释性的原则）。

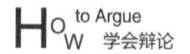

相对主义（Relativism）：相信真理是有条件的和相对的（参照绝对主义）。相对主义者强调，这种多样性应该得到承认和尊重，但不一定认同所有的结果都具有同等价值。

研究问题（Research question）：学术争论与提问相关。在大多数研究领域，在书面或口头报告中，一开始就框定一些基本的、补充性的（如果必要的话）研究问题很有用。研究问题概括了一项以证据研究为基础的调查。把研究问题的数量保持在最低水平是很好的做法。这有助于确保一个人对所提出的问题提供充分的响应。

修辞（Rhetoric）：这个词最初是用来指有效论证的艺术。古希腊和古罗马的修辞学老师（在希腊语中，rhetor 意指"议事大厅里的发言人"）将这个主题分为五部分：发明、安排、风格、记忆、演讲时的声调和姿态。尽管这个词的最初含义并不仅限于口头辩论，但它的许多古老含义仍然保留在一个普遍的观念中，即"出色的演讲者"拥有"修辞技巧"。然而，除了越来越多的例外情况外，修辞的意义已经从积极转向消极的评价。在现代人看来，说什么是修辞或有修辞效果指的是：尽管它可能在口头和逻辑上很复杂，但它是不真诚的和夸张的。

性别歧视（Sexism）：支持或反对一种性别。

明喻（Simile）：这是一种修辞手法，认为一个事物和另一个事物很像。明喻使用"像"（like）或"如"（as）。例如，"她的论点就像一栋糟糕的建筑。"

苏格拉底问答法（Socratic method）：苏格拉底所采用的一种对话形式（根据柏拉图的说法）。对话在教师和学生之间展开。在对话时，前者耐心地质疑后者，以使学生能够认识到一个真正的结论。因此，苏格拉底式的方法不是简单地告诉学生真相是什么，而是假定他们已经知道了真相，但却需要明智和有能力的导师来帮助学生认识到这一点。

唯我论（Solipsism）：把自己的经历理解成唯一现实的做法。唯我论在智力上植根于极端的相对主义，即一种导致人们否认任何共同价值观或意义的立场。然而，它也常被用来批评所有以自我为中心、孤芳自赏的论点。

诡辩（Sophistry）：欺骗性和错误论证的艺术。

稻草人（Straw man）：编造一个虚假且容易攻击的目标的做法。指责某人树立一个稻草人是一种常见的批评。它不应该被用来反驳那些仅仅简化或探讨其目标本质的论点，而是那些呈现出一种误导、无知和扭曲的形象的论点。

结构（Structure）：论证的结构是它的逻辑、理论和经验框架。所有的论证都有某种结构。然而，那些明确划分章节和逻辑（例如，渐进的）的结构往往更加连贯和令人信服。参阅第 2 章中的讨论。

主观的（Subjective）：这个词通常等同于个人、个体的反应和看法（参照客观的）。社会科学家们希望解释意义为什么通常既不是客观的，也不仅仅是个体的，而是社会共享的。他们也使用了诸如"主体间的"和"社会意义"这样的术语。

三段论（Syllogism）：哲学上正式的逻辑思维训练。一个基本的三段论包括两个命题，三个术语和一个结论。一个典型的例子是"所有的人都终有一死；希腊人是人，因此所有希腊人都终有一死"。

同义词（Synonym）：与另一个词有相同含义的词。

无谓的重复（Tautology）：重复的表述。"它们一个接一个地相继抵达"和"两个相等的一半"，这些短语都是无谓的重复。尽管常用来指日常的讲话中的从句或短句，但在任何类型或长度的交流中都能找到同义重复。作为一个批评的术语，它很适合处理那些实际上是用不同的话在重复同一事物，却声称其论点是遵循了逻辑的论证。

目的论（Teleology）：有时被称为"设计论证"，它描述了基于一些终极总体计划或结构的解释。参阅第4章中的讨论。

理论（Theory）：一套解释原则（参照方法论）。理论是通用的，而不是特定的（参照假设），它代表了一种试图在相对较高的抽象层次上辨别或建构解释的尝试。因此，我们会说"进化理论"或"结构理论"。当理论这个术语运用于具体的、非一般性的事件时（例如，"理论是我写这本书是为了帮助学生"），它要么是误用（"论点"或"命题"是更好的选择），要么是援引流行的定义，认为任何推测的概念都是理论。参阅第1章和第2章中的讨论。

论点（Thesis）：对事实的陈述（参照假设）。论点是真理宣言。它经常被用作论证的同义词（也就是说，"我将在本文中提出的论点/论证……"）。然而，这一术语的具体说法是：它的真实性将会在上下文中得到例证（也许是被证明的）。因此，如果一个人开始写作，声称自己有一个论点，那么证明它是有用的和准确的就变得很重要。

普世主义（Universalism）：相信真理对每个人都适用，并且不取决于具体的背景（参照相对主义）。普世主义者强调揭示这些真理的重要性（通常被理解为规律），并得出一些可概括结论。

译者后记

经过三个月的努力,《学会辩论》一书的译稿终于付梓。当初接手翻译此书,始自留美进修时感兴趣的一门大学课程——Persuasion and Arguments(暂译劝服学)。该课程广泛开设于全美大学的传播学院和传播系。当然,美国大学开设的各类劝服学课程,比我们想象的要复杂和全面得多。其主要内容大致包括亚里士多德的"修辞学",20世纪以来在传播学、社会学、心理学和行为科学等领域取得的一些研究成果,以及劝服学自身的一些研究成果和一些具体的劝服技巧之类。拿到此书的英文版以后,发现此书的主要内容涉及的正是一些具体的劝服技巧,也就是书中介绍的立论的技巧。正如书中所言,立论的技巧是在校大学生们必备的基本技能之一,它们有助于学生们在大学的各门课程中取得优异的成绩,尤其是一些侧重演讲、辩论和研讨的人文社科类的课程。当然,这一技能也是中国大学生们目前急需掌握和提高的,无论是学习还是参与社会活动,都会用到立论的各项技巧。书中所提到的立论,在绝大多数时候都指的是书面立论,即将你的主要观点落到笔头,撰写出一篇有说服力、言之有物的文章，不论是为了完成大学教授布置的命题作业，或是就某些热点问题向校刊投稿。除了介绍如何进行书面立论，本书还独辟一章，介绍如何进行有效的口头陈述，也就是各类场合的 presentation，从学生时代一直到进入职场以后。所以，就实用性而言，此书对于那些有志于提高书面立论技巧和口头陈述能力的读者来说，无疑是最有助益的。值得一提的另一处亮点，是本书结尾所附的术语表。它收罗了全书所出现过的与立论有关的术语，一些术语涉及修辞，一些术语涉及逻辑谬误，并且每一个术语都有准确的解释，方便读者参阅。

书的英文标题是 *How to Argue*，毋庸置疑，argue 及其相应的名词形式 argument 成了全书出现频率最高的词。原本以为出现频率如此之高的一个字眼，前后统一译法应该是较为妥当的一种处理方式。可是不曾想，这也正是令我最为困惑的地方。英文原著的作者对 argument 一词的使用动机，本人不方便评价。但作为译者，本人的首要任务就是尽可能地还原和厘清原文每句话的意思，并用尽量通俗易懂的汉语表述出来，呈现给即将读到此书的人。因此，在对此书的前三章反复校对之后，将不同语境下的 argue/argument 一词分别译为"论点""论据""立论""争论""争辩"等词，以求尽量准确地还原作者想要表达的意思。

本书的翻译和出版首先要感谢中国人民大学出版社编辑老师的辛苦审校。另外，我要感谢我的夫人杨悦女士，感谢她多年来给予我的支持和鼓励，以及在翻译此书过程中提出的有关术语翻译的意见和建议。

  由于本人才疏学浅,译文不当和错讹之处在所难免,恳请广大读者予以批评和指正。

魏学明

Authorized translation from the English language edition, entitled *How to Argue*, 3rd Edition, ISBN:978-0-273-74385-9 by Alastair Bonnett, published by Pearson Education, Inc, Copyright © Alastair Bonnett 2001, 2008, 2011 by Pearson Education Inc.

All rights reserved. No part of this book may be reproduced or transmitted in any form or by any means, electronic or mechanical, including photocopying, recording or by any information storage retrieval system, without permission from Pearson Education, Inc.

This Translation of *How to Argue* 3e is published by arrangement with Pearson Education Limited.

CHINESE SIMPLIFIED language edition published by CHINA RENMIN UNIVERSITY PRESS CO.,LTD., Copyright © 2018.

This edition is manufactured in the People's Republic of China, and is authorized for sale and distribution in the People's Republic of China exclusively(except Taiwan, Hong Kong SAR and Macau SAR).

本书中文简体字版由培生教育出版公司授权中国人民大学出版社在中华人民共和国国境内（不包括台湾地区、香港特别行政区和澳门特别行政区）出版发行。未经出版者书面许可，不得以任何形式复制或抄袭本书的任何部分。

本书封面贴有 Pearson Education（培生教育出版集团）激光防伪标签。无标签者不得销售。

版权所有，侵权必究。

北京阅想时代文化发展有限责任公司为中国人民大学出版社有限公司下属的商业新知事业部，致力于经管类优秀出版物（外版书为主）的策划及出版，主要涉及经济管理、金融、投资理财、心理学、成功励志、生活等出版领域，下设"阅想•商业""阅想•财富""阅想•新知""阅想•心理""阅想•生活"以及"阅想•人文"等多条产品线。致力于为国内商业人士提供涵盖先进、前沿的管理理念和思想的专业类图书和趋势类图书，同时也为满足商业人士的内心诉求，打造一系列提倡心理和生活健康的心理学图书和生活管理类图书。

《优雅的辩论：关于 15 个社会热点问题的激辩》

- 辩论的真谛不在于辨明是非曲直，而在于缓和言论，避免曲解。
- 辩论的最高境界不在于输赢高低，而在于发人深省，以开放的心态达成妥协。

《博恩•崔西口才圣经：如何在任何场合说服任何人》

- 本书不仅介绍了演讲的基础方法，道出了一眼就被别人记住的玄机，还会教你如何高效沟通并有意识地影响他人的态度和认知以获得成功。
- 这是一本功能强大的书。全书归纳整理了许多实用的策略和方法，还包括一个附赠章节，讲授如何让销售讲解更有说服力。它能帮助你加速事业发展、赢得周围人的尊重，实现伟大的目标。